UN

Pélerinage Patriotique

Sous le Drapeau du 33ᵉ Mobiles

Blois, Coulmiers, Loigny

3-4-5 Octobre 1909

LE MANS

IMPRIMERIE MONNOYER

12, PLACE DES JACOBINS, 12

—

1909

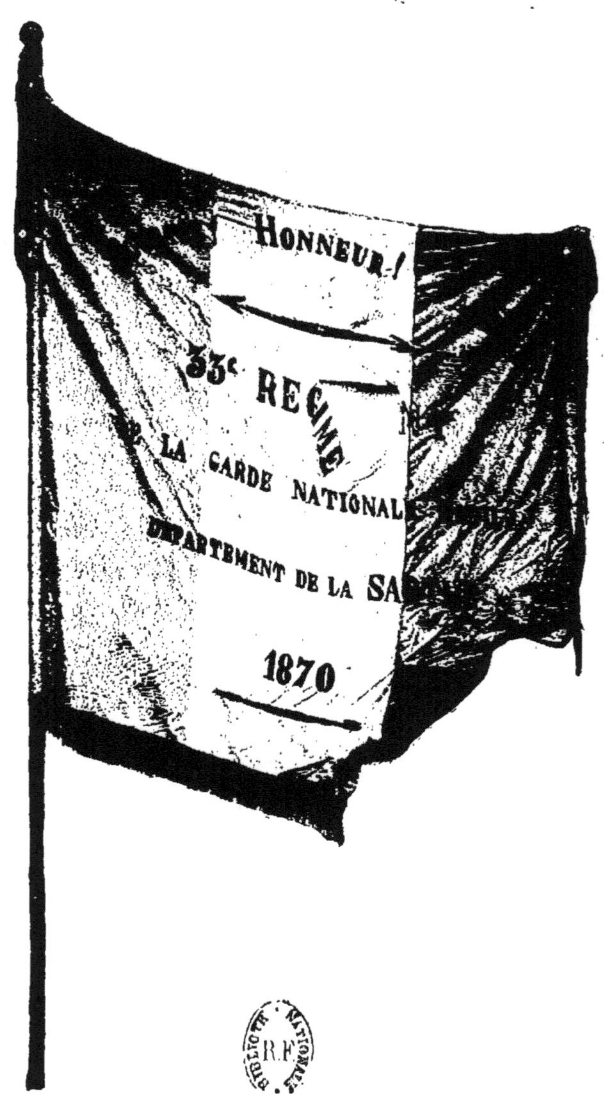

DRAPEAU DU 33ᵉ MOBILES

Robert TRIGER.

UN

Pélerinage Patriotique

Sous le Drapeau du 33e Mobiles

Blois, Coulmiers, Loigny

3=4-5 Octobre 1909

LE MANS

IMPRIMERIE MONNOYER

12, PLACE DES JACOBINS, 12

—

1909

Depuis le milieu d'octobre 1870, époque où ils se rejoignirent autour de Marchenoir pour couvrir la formation du 16ᵉ corps, jusqu'au 15 janvier 1871, au combat suprême de Saint-Jean-sur-Erve, le 33ᵉ régiment de mobiles (mobiles de la Sarthe) et le 75ᵉ (mobiles de Loir-et-Cher) furent unis par des liens très intimes de camaraderie et d'estime, par une touchante communauté de misère, de danger et de courage.

Non seulement le 33ᵉ mobiles entra en campagne à Blois, et l'un de ses aumôniers, l'abbé Morancé, d'inoubliable mémoire, y reçut mission d'assister les mobiles de Loir-et-Cher en même temps que les Manceaux ; mais, à la formation définitive du 16ᵉ corps, les deux régiments furent placés dans la même division, la division Jauréguiberry. Le 33ᵉ mobiles fit partie, avec le 37ᵉ de de marche, de la brigade Deplanque : le 75ᵉ de la brigade Bourdillon, qui comprit, en outre, le 39ᵉ de marche et le 3ᵉ bataillon de chasseurs.

Par suite de cet ordre de bataille, les deux régiments de la Sarthe et de Loir-et-Cher combattirent côte à côte à Coulmiers, à Loigny, au Mée, à Vendôme, au Mans, à Saint-Jean-sur-Erve. En toutes circonstances, ils se prêtèrent un fraternel appui et se distinguèrent par un égal attachement au devoir, par une égale bravoure, qui rendirent célèbres à l'armée de la Loire « les *Blouses bleues* et les *Casquettes blanches* (1) ». L'un et l'autre furent mis plusieurs fois à l'ordre du jour et comptèrent au nombre des jeunes régiments dont Chanzy devait dire, après la guerre : « Les « braves enfants ! Ils ont été admirables ! Au bout de quinze jours « de campagne, ils se battaient comme de vieux soldats ! Ils ont « sauvé l'honneur ! »

---

(1) Les mobiles de la Sarthe avaient été surnommés les *Blouses bleues*, parce qu'au début de la campagne la plupart ne portaient comme uniforme que la blouse bleue de leur pays. Ceux de Loir-et-Cher avaient été appelés les *Casquettes blanches*, à cause de leurs képis en toile écrue, qui, parfois, les firent prendre de loin pour des marins.

De tels souvenirs demeurent ineffaçables et trente-neuf années n'ont point altéré les sympathies réciproques, nées sur les champs de bataille, entre le 33ᵉ et le 75ᵉ mobiles.

La ville de Blois ayant enfin élevé un monument aux mobiles de Loir-et-Cher, le Comité et les anciens du 75ᵉ ont donc voulu associer spécialement à la cérémonie d'inauguration les camarades du 33ᵉ, et ils leur ont demandé de s'y faire représenter par une délégation.

Grâce à l'initiative dévouée de l'ex-sergent major Erard, le sympathique auteur des *Souvenirs d'un Mobile de la Sarthe*, et de l'ex-sergent fourrier Bioche, un glorieux blessé du Mée, l'invitation a été acceptée, et un petit groupe d'anciens du 33ᵉ prenait, le Samedi 2 octobre dernier, la route de Blois, emportant avec lui le drapeau du régiment, le drapeau qui flotta victorieusement à Coulmiers et au Mée. C'était, certes, une faveur exceptionnelle, mais elle était bien due au vaillant 75ᵉ (1).

A l'hommage rendu aux mobiles du Loir-et-Cher devait, d'ailleurs, s'ajouter pour les Manceaux, au lendemain de la cérémonie de Blois, un hommage à leurs propres morts, un pieux pèlerinage sur les champs de bataille de Coulmiers et de Loigny.

Des amitiés, trop bienveillantes peut-être, nous ont valu l'honneur d'accompagner la délégation. Cet honneur, avouons-le, était peu justifié. En 1870, notre âge ne nous permettait pas encore de prendre rang parmi les combattants, et la curiosité téméraire de nos quatorze ans nous avait tout au plus procuré le mérite de subir pendant quelques minutes le feu des Allemands. ... au haut d'un clocher (2). Par contre, nous avons partagé et ressenti très vivement les angoisses de l'invasion, voué aux soldats de la Défense nationale, aux mobiles du 33ᵉ entre autres, un culte patriotique : à plusieurs reprises déjà, nous l'avons montré en consacrant quelques pages à l'histoire de la guerre franco-allemande dans notre région.

Il semble que ce soit à ce modeste titre d'historien, que les survivants du 33ᵉ aient tenu à nous ouvrir leurs rangs. Il nous faut, dès lors, payer notre dette et leur offrir aujourd'hui le récit qu'ils ont bien voulu nous réclamer.

Ce récit a pour seul but de leur conserver un souvenir intime

---

(1) Précieusement conservé par le colonel de la Touanne, le drapeau du 33ᵉ n'était sorti depuis la guerre que quatre fois, notamment en 1895, au jour anniversaire de Coulmiers, et en 1902, lors de la visite du président Loubet au Mans.

(2) Le 15 janvier 1871, jour du combat d'Alençon. V. notre ouvrage *Un maire d'Alençon pendant l'invasion allemande*, Alençon, 1904.

des réconfortantes journées que nous avons vécues ensemble, les 3, 4 et 5 octobre 1909. A défaut d'impressions personnelles de campagne, on y trouvera les impressions de notre émouvant pèlerinage sur les champs de bataille de Coulmiers et de Loigny, et nous nous efforcerons particulièrement d'y préciser, d'après les ouvrages français et allemands les plus récents, les mouvements du 33e mobiles (1).

Heureux de rendre ainsi un nouvel hommage aux soldats manceaux de 1870, nous nous permettons de leur dédier cette petite brochure, inspirée au moins par un sentiment sincère de gratitude et de patriotisme.

ROBERT TRIGER,

Ancien officier de réserve,
Vice-président de la 111e Section des Vétérans,
Président de la Société historique du Maine.

Les Talvasières, près le Mans.
   Octobre 1909.

---

(1) Nous n'avons nullement la prétention de refaire ici l'histoire du 33e mobiles, si bien retracée déjà par le colonel de la Touanne. *Histoire du 33e mobiles,* 1872 ; l'abbé Morancé, *Un régiment de l'armée de la Loire,* 2e édit. 1895 ; le lieutenant Bohineust, *Commentaires d'un conscrit,* 1896, et le sergent-major Erard, *Souvenirs d'un mobile de la Sarthe,* 1re édit 1907, 2e édit. 1909. Nous préciserons simplement quelques points d'après les deux grands ouvrages militaires définitifs, *La guerre franco-allemande de 1870-71,* par la section historique du grand Etat-major prussien et l'*Histoire générale de la guerre...* par le colonel Rousset.

Quant au 75e mobiles, nous renverrons aux intéressants souvenirs du baron de Maricourt (*Histoire de la mobile de Vendôme,* 1876), à l'ouvrage que lui a consacré, en 1896, l'un de ses aumôniers, M. l'abbé Blanchard, avec le concours du Comité de la Mobile de Loir-et-Cher, et à la notice toute récente publiée à l'occasion des fêtes de Blois, par M. Pierre Dufay. *Le 75e mobiles.*

Enfin au point de vue général, nous nous empressons de signaler la très utile *Bibliographie sommaire de la première et de la deuxième armée de la Loire* (Paris, Champion, 1909), que vient de publier également M. Pierre Dufay, bibliothécaire de la ville de Blois.

BLOIS

2 et 3 Octobre 1909

D'une exactitude toute militaire, la délégation du 33e se réunissait à la gare du Mans le samedi 2 octobre, à midi précises, autour du drapeau du régiment soigneusement dissimulé dans son étui à la curiosité des profanes.

Le commandant de Montesson — le seul officier supérieur survivant — n'ayant pu, au grand regret de tous, accepter l'invitation du 75e, le capitaine Tual commande le détachement (1).

Après l'achèvement de la concentration en gare de Château-du-Loir, l'effectif comprend, au total, dix-sept anciens « moblots » :

MM. Tual, capitaine au 1er bataillon ; le chanoine Nouet, aumônier au même bataillon, blessé à Loigny ; Marchand (du Lude), ancien sous-officier vaguemestre, sous-lieutenant à la 3e compagnie du 1er bataillon, aujourd'hui capitaine aux services spéciaux du territoire et président de la 492e section des vétérans ; Erard (du Mans), sergent-major à la 4e du 2e ; Bioche (du Mans), sergent-fourrier à la 7e du 2e ; Dupuid (du Lude), sergent à la 3e du 1er, secrétaire de la 492e section des vétérans ; Paul Guy (du Mans), sergent à la 5e du 3e ; Charles Millanvois (du Mans), sergent à la 3e du 2e ; Bodrais (du Mans), sergent à la 4e du 1er ; Renault (du Mans), sergent à la 3e du 2e ; Touchard (d'Ecommoy), sergent à la 1re du 3e ; Moisy (du Mans), caporal à la 2e du 2e ; Haudebourg (de Lamnay), clairon ; Leveau (du Mans), clairon à la 1re du 1er ; Lebreton (du Mans), soldat à la 5e du 2e ; Rocher (de Spay, soldat à la 7e du 2e ; Tremray (de Lamnay), soldat à la 2e du 3e.

Deux de ces anciens « moblots » sont décorés de la médaille militaire : le fourrier Bioche, trois fois blessé, de deux balles et d'un éclat d'obus, à l'assaut de la ferme du Mée, le 8 décembre 1870, et le sergent Dupuid, blessé à Loigny de deux

---

(1) Le lieutenant Bohineust était alors en Suisse, et le lieutenant Avice, aujourd'hui chef de bataillon d'infanterie territoriale, avait dû s'excuser, au dernier moment, pour raison de santé. L'absence de ces deux officiers qui représentent plus particulièrement au Mans, avec MM. de Montesson et Tual, l'ancien 33e, était bien vivement regrettée.

balles dans la même jambe, quelques minutes après la mort du duc de Luynes. Modestes comme tous les bons soldats, ces braves ne songent qu'au plaisir de retrouver leurs compagnons d'armes. Plus d'une fois, il faudra pousser les deux médaillés du 33ᵉ à la place d'honneur qui leur revient aux côtés du drapeau. Toutefois, M. Bioche reprend instinctivement ses fonctions de fourrier ; il s'en acquitte à merveille, réglant avec toute la ponctualité de jadis les comptes du détachement.

En dépit d'un entassement des moins confortables dans « une cage à lapins » qui ne s'est point perfectionnée depuis trente-neuf ans, le trajet du Mans à Tours s'accomplit gaiement, animé, ainsi que le comporte la circonstance, par maintes anecdotes de guerre.

De ces anecdotes, deux surtout nous ont frappé : celle de l'aumônier et celle du fourrier Bioche.

L'aumônier du 1ᵉʳ bataillon, — sa blessure l'a prouvé — flânait volontiers sur les champs de bataille, au milieu de la mitraille, et pour mieux contempler le spectacle, il s'était muni d'une jumelle.

Un jour, qu'au combat de Messas, il examinait placidement avec sa jumelle la position d'une nouvelle batterie, il voit arriver à lui le général Deplanque, commandant la brigade, un vieil africain des temps héroïques où on se battait d'assez près pour n'avoir point besoin de lunettes. Le général est dans une position embarrassante... il a perdu du même coup sa lorgnette et son artillerie, si bien qu'il ne sait si la batterie qui ouvre le feu est à lui ou aux Prussiens ! Sans fausse honte, il emprunte la jumelle de l'aumônier, laisse échapper un soupir de soulagement, car il reconnaît ses propres canons, et en rendant la jumelle, crie au propriétaire ébahi : « Maintenant, l'Abbé, priez pour moi et surveillez-moi : je ne voudrais tout de même pas m'en aller dans l'autre monde *les pattes en l'air* ! ».

L'idée et l'expression étaient pittoresques, et pour un acte de foi, c'était un acte de foi original (1).

Le récit du fourrier est d'un autre genre et bien honorable pour les moblots du 33ᵉ.

Pendant sa convalescence, alors que ses blessures à peine fermées l'obligent encore à se servir de béquilles, M. Bioche rencontre de temps à autre, dans un café de Beaugency, un caporal prussien de la landwher, voyageur de commerce de profes-

---

(1) Le brave général Deplanque semble avoir eu une prédilection pour cette expression, car il l'avait déjà servie, à St-Sigismond, à l'abbé Morancé, aumônier du 2ᵉ bataillon, mais avec une variante : « Je ne tiens pas à aller chez le Père Éternel, les *jambes* en l'air ! » *Un régiment de l'armée de la Loire*, 1875, p. 90. » — Cf. sur le général Deplanque : Pruvost, *Le général Deplanque*, Lavauzelle, 1902.

sion. Les exigences de la situation les amènent parfois à causer sans trop d'acrimonie.

Un soir, cependant, le prussien, poussé par quelque malin démon, s'avise de saisir le chien de l'établissement, un petit roquet noir. Il le campe sur un billard qu'entoure un cercle d'Allemands, et, lui donnant une tape sur.... l'arrière-train, lui dit avec une douce ironie : « *Va, petit mobile, va !* »

La pantomime était suffisamment expressive. Le prussien s'était permis de donner, par allégorie, le fouet à un mobile !

Indigné, le fourrier Bioche défie le provocateur de récidiver.... Celui-ci, trouvant sans doute la plaisanterie spirituelle, la renouvelle. A peine a-t-il prononcé les mots « petit mobile », que l'énergique fourrier, sans souci de ses blessures, de l'infériorité de ses forces et de la présence des autres prussiens, empoigne le trop jovial caporal de landwher et l'envoie rouler de l'autre côté du billard, au fond de la salle.

Il y eut une seconde d'angoisse. Comment les Allemands allaient-ils prendre la correction ? Par bonheur, ils étaient ce jour-là de bonne composition, et le courage en impose toujours. D'unanimes applaudissements saluèrent la revanche du « moblot » ; son adversaire même lui fit des excuses, et l'affaire n'eût pas de suites.

N'importe, le geste était crâne et l'épisode digne d'être raconté. Ce blessé du 33ᵉ, isolé au milieu d'ennemis et ne tolérant pas même une plaisanterie vulgaire contre son corps, montre qu'à l'occasion les mobiles de la Sarthe avaient du cœur, de la dignité et de l'énergie !

Avec de tels récits, le temps passe vite : on arrive à Tours sans avoir ressenti la longueur du trajet.

Pendant l'arrêt de deux heures qui précède le réembarquement pour Blois, le drapeau est honorablement déposé dans la salle d'attente des premières, où nous le gardons de concert avec l'aumônier. A tour de rôle, nous montons notre faction. Aucun des nombreux voyageurs qui passent et repassent ne soupçonne la relique insigne qui nous est confiée...

Enfin, nous voici à Blois. Le train a du retard et la nuit est venue. M. Lebatard, ancien sergent-major au 75ᵉ, et plusieurs autres membres du Comité des mobiles de Loir-et-Cher, reçoivent avec un cordial empressement la délégation du 33ᵉ.

A leurs côtés, se tient, un peu embarrassée tout d'abord, une femme d'âge déjà mûr, dont les traits reflètent encore, en dépit des fatigues et des années, certains vestiges du passé. C'est l'ancienne cantinière du 2ᵉ bataillon du 33ᵉ mobiles, originaire de Blois, où elle est revenue après la guerre et où elle s'est mariée.

Piqueuse de bottines dans un atelier de Blois, Marie Meslay avait 21 ans en 1870 et fut enrôlée par le 33e, lors de son passage dans cette ville. Elle était, au dire de ses anciens « moblots », fort jolie sous son élégant costume de cantinière, et, ce qui vaut mieux, bonne fille, courageuse et dévouée. Elle fit bravement toute la campagne de la Loire, rendant à son bataillon de si réels services qu'elle fut proposée pour la médaille militaire.

Après trente-neuf années, Marie Meslay, devenue Mme Deboit, n'a point oublié son ancien régiment et, toute joyeuse, elle accourt « au drapeau ». Les vieux moblots, de leur côté, ne l'ont point oubliée, car si leurs cheveux ont banchi leurs cœurs sont restés jeunes.

Mais, dès que les cantonnements sont distribués, un singulier cri de ralliement retentit dans la cour de la gare : « A l'Evêché, tout de suite ! à l'Evêché ! »

Par ce temps de séparation radicale, un tel cri doit étonner au premier abord les habitants de Blois. Peut-être même leur fait-il prendre les moblots du 33e pour d'affreux rétrogrades ou pour de dangereux manifestants.

Les Manceaux, certes, ne sont ni l'un ni l'autre. Ils sont tout simplement d'anciens soldats, très soucieux du respect de leur drapeau qu'ils n'entendent déposer qu'entre bonnes mains. Ils se sont rappelés que l'évêque de Blois, Mgr Mélisson, est un de leurs compatriotes ; qu'il est même originaire de ce village de Parigné-l'Evêque, où le 75e lutta si courageusement, et ils ont résolu, plutôt que de l'exposer aux promiscuités des hôtels, de confier pour la première nuit leur précieux drapeau à leur éminent et très aimé compatriote, Mgr l'Evêque de Blois.

En même temps qu'un témoignage de haute estime, la mesure est d'une correction absolue au point de vue du patriotisme local.

Tous les membres de la délégation le comprennent ; tous, malgré la fatigue, la distance et la diversité des opinions, se font un devoir d'accompagner leur drapeau à l'Evêché.

Mgr Mélisson, assisté de son secrétaire, M. le chanoine Germain, — un Manceau lui aussi, — les reçoit avec la grande affabilité qui le distingue, appréciant, en patriote et en ami, l'honneur d'abriter le drapeau du 33e. L'entrevue, d'ailleurs, n'a rien de contraint : c'est une entrevue empreinte d'une affectueuse intimité, d'une joie réelle de se retrouver.

D'eux d'entre nous vont ensuite présenter nos souvenirs et nos regrets au premier promoteur du monument, M. Albert Guérin, retenu par une malencontreuse indisposition, puis la soirée s'achève au café de Blois, avec notre très dévoué guide, M. Lebâtard.

Pendant que défilent les retraites aux flambeaux, l'aimable maire de Blois, M. Jules Brisson, M. Perrin, président du Comité du monument, M. Reffray, rédacteur en chef de l'*Indépendant*, veulent bien, au passage, nous souhaiter la bienvenue, et nous avons le plaisir de saluer M. Miron de Lespinay, ancien officier au 75e, que le regretté colonel de Montlaur a chargé de le suppléer dans toutes les circonstances où ses anciens mobiles auraient occasion de se réunir.

Le lendemain, Dimanche 3 octobre, dès 7 h. 45 du matin, malgré un temps déjà menaçant, les Manceaux sont de nouveau réunis devant l'Evêché. L'ancien sous-lieutenant Marchand, en tenue de capitaine des services territoriaux, va prendre le drapeau dans le salon d'honneur où il a passé la nuit, déploie fièrement ses trois couleurs fanées, trouées par les balles; puis, à la tête de la délégation, il se dirige vers la cathédrale, située à quelques pas de l'hôtel épiscopal.

L'Evêque de Blois a eu, en effet, la pieuse et patriotique pensée de commencer cette journée, consacrée au souvenir des combattants de 1870, par une messe à l'intention des soldats défunts et des jeunes conscrits de l'année. Conformément aux dernières recommandations du colonel de Montlaur, une lettre du lieutenant Miron de l'Espinay y a convoqué spécialement les anciens mobiles du 75e.

En quelques instants, la nef de la cathédrale se remplit de vétérans et de conscrits, fraternellement mélangés autour d'un catafalque que recouvre le pavillon tricolore.

Tous les regards se tournent vers le glorieux drapeau du 33e, placé au premier rang au milieu de son escorte de Manceaux, mais l'armée active n'ayant plus le droit de suivre dans une église le drapeau de la France, le lieutenant-colonel du 39e territorial assiste seul en uniforme à cette cérémonie militaire : il est vrai qu'il a plus qualité que tout autre pour y représenter l'armée d'aujourd'hui, puisque le 39e régiment territorial est l'héritier direct du 75e mobiles.

Au reste, si les uniformes manquent, sous tous ces habits de pékins battent des cœurs de soldats, de soldats qui pour la plupart ont vu le feu, et bientôt arrivent crânement, drapeau en tête, aux sons joyeux de leurs tambours et clairons, les jeunes gens du patronage des Aydes, avant-garde de nouvelles générations plus tolérantes et plus respectueuses de la liberté des consciences.

Mgr l'Evêque de Blois prend place dans le chœur ; par une gracieuse attention du prélat manceau, c'est l'ancien aumônier du

1er bataillon du 33e, M. le chanoine Nouet, qui célèbre la messe.

A l'évangile, M. le chanoine Augereau prononce un admirable discours patriotique.

S'inspirant très heureusement du sujet du monument qui doit être inauguré dans l'après-midi — un jeune mobile défendant un vieux cuirassier blessé -- l'orateur débute par un double et magnifique hommage à l'ancienne armée et à l'armée improvisée de la Défense nationale, à ces petits moblots « qui au moins ont sauvé l'honneur. » Il évoque, en termes véritablement saisissants, le souvenir des efforts du 75e et du 33e à Coulmiers, à Loigny, à Patay, à Villorceau, au Mans.

« Vous avez vu tout cela, Messieurs, dit-il dans un de ses
« passages les plus émouvants que nous tenons à rappeler ici.
« Vous étiez, j'imagine, de ces héros-fantômes, loqueteux, affamés,
« transis, qui faisaient le coup de feu, sans trève, en gagnant les
« plaines du Mans. Le 9 janvier, bataille à Connerré et à Thori-
« gné ; vous y étiez. Le 10 janvier, je voudrais que le vaillant
« aumônier, M. le chanoine Nouet, eut pris ici ma place, et qu'il
« vous racontât ces choses : le 10 janvier 1871, chez vous,
« Monseigneur, à Parigné-l'Evêque, ils étaient là, mobiles du
« Loir-et-Cher et mobiles de la Sarthe, luttant avec acharnement
« pour le drapeau. Ce drapeau, je le vois ; cher et noble mutilé,
« relique vénérable, aux trois couleurs rongées par la poudre,
« ravagées par les balles, portez-le bien haut, capitaine, afin que
« nous le saluions, français et françaises, d'un seul cœur, d'une
« même âme ; et pour qu'au souvenir de Parigné-l'Evêque, la
« bénédiction du Pontife consacre et reserre à jamais, entre le
« 33e et le 75e mobiles, entre Blois et le Mans, les liens de la plus
« vivante fraternité ! »

Après une charge vigoureuse contre l'antimilitarisme et une pieuse allusion aux victimes du dirigeable *République*, dont l'une, l'adjudant Vincenot, a été enterrée à Oucques l'avant-veille, M. le chanoine Angereau termine par cette vibrante apostrophe aux conscrits :

« Jeunes soldats de demain, gardez cette devise : L'amour de
« Dieu et du prochain toujours plus généreux ! l'amour de la
« Patrie toujours plus passionné ! la croix de Jésus-Christ tou-
« jours debout ! et le drapeau de la France toujours plus haut ! »

Bien souvent pour notre part, nous avons entendu des discours patriotiques : rarement nous en avons entendu d'aussi éloquent, d'aussi « empoignant », qui remue autant les âmes... Et ce sera l'avis de tous nos compagnons d'armes ! (1).

(1) Le beau discours de M. le chanoine Augereau a été publié *in-extenso* dans la *Semaine religieuse de Blois*, du 16 octobre 1909, et en brochure à part, *En mémoire du 75e mobiles, Souvenir aux survivants*, Blois, C. Migault, 1909.

Une absoute solennelle, donnée par Mgr Mélisson, complète cette inoubliable cérémonie, triste et consolante à la fois, où comme on l'a fort bien dit, les douloureux souvenirs du passé se sont mêlés aux joies d'un au revoir certain dans la céleste patrie.

A la sortie de la cathédrale, la pluie commence à tomber fine et pénétrante. Elle empêche la foule de vénérer autant qu'elle l'eut désiré le drapeau des moblots de la Sarthe, et les force à le rouler dans son étui pour le porter chez leur compatriote, M. Guy, fils de l'ancien sergent Guy, de la 5ᵉ du 3ᵉ, à qui est maintenant réservé l'honneur de lui donner l'hospitalité.

Par contre, ce mauvais temps fait apprécier mieux encore le charme du déjeuner en commun qui nous réunit tous à l'hôtel de la *Gerbe d'Or*, sous la présidence du capitaine Tual.

Ce déjeuner, d'ailleurs, n'est pas ordinaire : c'est une petite cérémonie d'un genre particulier en l'honneur... de la cantinière du 33ᵉ.

Toujours reconnaissants des boutons que cette brave Marie Meslay leur a recousus, il y a trente-neuf ans, les vieux moblots ont tenu à l'inviter ainsi que son mari, et ils la fêtent de leur mieux. Au dessert, le capitaine Tual lui offre une gerbe de fleurs et tous lui donnent l'accolade. Nous-même, nous nous empressons de suivre le mouvement, très fier d'agir ainsi, pour une fois en véritable moblot. Quand on n'a pu combattre dans les rangs du 33ᵉ, c'est une consolation appréciable, somme toute, d'embrasser la cantinière ! Sincèrement émue, Marie Meslay ne peut contenir ses larmes, elle remercie avec effusion et déclare que ce jour sera le plus beau de sa vie.

Quoiqu'il en soit, elle a repris sa place de bataille et, comme à la messe du matin, elle nous accompagne au rendez-vous fixé pour se rendre à la rencontre du ministre des finances, M. Cochery, qui doit inaugurer le monument.

A notre arrivée à l'Hôtel de ville, vers 1 h. 1/2, un épisode imprévu nous émeut profondément.

Une femme — une bonne française — arrête avec une naïve timidité le capitaine Marchand, et après s'être assurée que le vieux drapeau qu'il porte est bien « un drapeau de la guerre », demande la permission de l'embrasser.

Quelques minutes plus tard, le cortège se forme sur le Mail : il comprend les diverses sociétés patriotiques de la région, précédées de la musique municipale et de la compagnie des sapeurs-pompiers. Par une aimable attention des organisateurs, la députation des mobiles de la Sarthe doit marcher la première, avant même les mobiles du 75ᵉ.

Malheureusement le temps reste toujours détestable et le défilé s'organise sous la pluie. C'est d'autant plus fâcheux que la ville est fort bien décorée : sur tout le parcours les maisons sont pavoisées, et de distance en distance s'élèvent d'élégants arcs de triomphe.

Intrépides sous l'eau, comme jadis sous le feu, les anciens du 33e s'avancent la tête haute, conscients de l'effet fort honorable qu'ils produisent sur la population de Blois.

Certes, leur groupe n'est pas banal. Au premier rang, le drapeau de Coulmiers et du Mée, porté par M. Marchand, dont le képi à turban blanc des services territoriaux intrigue fort les badauds, le capitaine Tual, l'aumônier avec son brassard à croix rouge, les deux blessés médaillés, MM. Bioche et Dupuid, l'ex-sergent Millanvois, avec la palme que les Manceaux se proposent de déposer sur le monument ; au second rang, la cantinière avec sa gerbe de fleurs ! Rien n'y manque, c'est une synthèse touchante du régiment, évoquant autour du glorieux drapeau les souvenirs de vaillants soldats, restés fidèles à leurs croyances et à tous les dévouements, si modestes qu'ils aient été.

Sur le square Victor-Hugo, une énorme pierre de taille se détache soudain du fronton de l'églire Saint-Vincent et tombe aux pieds de deux des moblots de la Sarthe, qu'elle menace d'écraser. L'accident provoque une panique dans la foule. Seuls, les moblots du 33e demeurent impassibles et se contentent de crier en riant : « Tiens un obus ! ». Le mot sera recueilli par un journal de Blois(1) et qualifié de « superbe ! ». Une telle appréciation, sans doute, a été dictée par une amitié trop flatteuse, mais le fait n'en prouve pas moins aux Blésois que les Manceaux n'ont pas plus peur des pierres que des obus !

Un peu plus loin, sur l'avenue de la Gare, nous défilons entre deux haies de soldats du 113e. Tous regardent avec une respectueuse curiosité le drapeau « de la guerre » ; le colonel et les officiers le saluent d'un large geste qui nous va droit au cœur.

Par honneur, nous aimons à le penser, on laisse entrer dans la cour de la Gare les anciens du 33e et du 75e, seuls avec l'escadron du 20e chasseurs et les gendarmes de l'escorte ministérielle.

Cet honneur met notre patience à une rude épreuve.

M. le Ministre, à sa descente du train, reçoit dans les salles d'attente tous les fonctionnaires, depuis le Préfet jusqu'aux maîtresses d'école, et leur fait à chacun et à chacune un discours si bien senti, que la représentation dure une grande heure !

Oubliés pendant ce temps dans la cour de la gare, nous nous morfondons sous la pluie, les pieds dans la boue. Comme jadis au

(1) *L'Écho du Centre*, mardi 5 octobre 1909.

camp de Sigismond, les moblots de la Sarthe maugréent fortement, à tel point que si le drapeau n'était pas là, ils lèveraient bien sûr le camp sans M. le Ministre ; mais le drapeau est là et, dussions-nous être submergés, aucun de nous ne l'abandonnera.

Le temps perdu étant toujours difficile à rattraper, quand les hautes autorités se décident à sortir, c'est une magnifique bousculade.

Au petit-bonheur, nous gagnons le monument et nous y retrouvons les autres sociétés ; une juste compensation du hasard pousse le drapeau des mobiles de la Sarthe — avec l'aumonier ! — jusqu'au pied de la tribune officielle.

Enfin la *Marseillaise* retentit et le voile classique qui recouvre le monument tombe... dans la boue. Œuvre d'un artiste de Blois, M. Halou, le monument élevé à la mémoire des mobiles de Loir-et-Cher représente, comme nous l'avons dit, un jeune mobile défendant un cuirassier blessé : l'idée associe d'une manière heureuse la vieille et la jeune armée de 1870 dans un même hommage.

Elle inspire sans doute les orateurs, car, en dépit de la pluie qui par moments tombe en déluge, quatre discours se succèdent. M. Perrin, président du Comité, prend le premier la parole pour offrir le monument à la municipalité. M. Jules Brisson, maire de Blois, lui répond et, fort aimable toujours, n'oublie pas de saluer les délégués étrangers, notamment ceux de la Sarthe. M. Treignier, député, et M. Cochery, ministre des finances, parlent plus longuement, avec des élans d'incontestable éloquence. Nous n'entreprendrons pas d'analyser ici leurs discours que tous les journaux ont publiés (1). Nous nous bornerons à rendre justice au tact de ces discours, exclusivement patriotiques, que tous purent écouter avec une sympathique attention, et qui, à plusieurs reprises, soulevèrent des applaudissements mérités.

M. Cochery eut même, en terminant, un mouvement émotionnant, dont les Manceaux ont le devoir de lui conserver gré. Le maire de Blois, ayant eu l'inspiration fort opportune de lui passer le drapeau du 33ᵉ, que le capitaine Marchand tenait près de la tribune, le ministre pressa respectueusement le drapeau sur sa poitrine, le salua en quelques mots d'improvisation chaleureuse, et, renouvelant le geste fameux de Pie X, l'embrassa en présence de la foule enthousiasmée.

Pour être véridique, nous devons dire que M. Cochery ne présenta pas le drapeau spécialement comme celui des mobiles de la Sarthe, mais en termes vagues comme un drapeau de 1870 : il est

____

(1) *L'Écho du Centre, L'Avenir, L'Indépendant de Loir-et-Cher, Le Républicain de Loir-et-Cher, La Croix de Loir-et-Cher*, du 5 au 10 octobre.

même probable que, pris à l'improviste, il ignorait à quel régiment l'étendard appartenait. N'importe, les mobiles de la Sarthe peuvent s'honorer désormais d'avoir vu leur cher drapeau du 33ᵉ salué et embrassé publiquement par un ministre, au nom de la République !

L'incident atténuait les regrets de l'absence du ministre de la guerre. A défaut d'un général, M. Cochery avait justifié nos préférences pour sa personne (1).

Pendant qu'il distribue la ration traditionnelle de rubans violets, le capitaine Tual dépose sur le monument la palme que les mobiles de la Sarthe ont apportée à leurs regrettés camarades du 75ᵉ, et la foule commence à se disperser. La cérémonie officielle d'inauguration est terminée Si le monument n'a pas été béni, il a été abondamment baptisé.

Quelque peu mouillés et défraîchis, les moblots du 33ᵉ, accompagnés toujours de leur aumônier et de leur cantinière, se réfugient alors au Café Français où les anciens du 75ᵉ leur ont ménagé une cordiale et affectueuse réception. C'est une heure d'intimité charmante, qui ravive de bien chers souvenirs. Tour à tour, le lieutenant Miron de l'Espinay et le capitaine Lebert du 75ᵉ se font, en termes émus, les interprètes des sentiments des mobiles de Loir-et-Cher pour leurs amis de la Sarthe Au nom de ceux-ci, le capitaine Tual répond et remercie dans une heureuse improvisation.

Mais le programme n'est pas encore épuisé, car les moblots de la Sarthe entendent, comme il y a trente-neuf ans, ne pas se séparer des camarades du 75ᵉ, et, dès lors, ils se sont décidés à les suivre au banquet officiel qui doit clôre la journée.

Ce banquet a lieu au château, dans la salle Gaston.

Quand nous arrivons, vers 6 heures, devant la magnifique façade Louis XII, le cortège ministériel, fort en retard, n'est pas encore parti pour l'hôpital, et cette circonstance nous fait assister à la sortie de l'escorte — gendarmes et chasseurs à cheval. — Sous le vieux porche, à la nuit tombante, à la lueur des lanternes vénitiennes, le spectacle est pittoresque. Les commandements militaires, le cliquetis des sabres et le défilé de la cavalerie, rendent pour un instant la vie et l'éclat à ces lieux qui ont vu jadis de si grandes scènes historiques : il nous semble même que la statue du bon roi Louis XII s'anime et tressaille d'une patriotique

(1) En ce qui nous concerne, nous ne pouvions oublier que M. Cochery père, premier ministre des Postes et Télégraphes, avait témoigné une bienveillance particulière à notre bien regretté père et l'avait appelé au Mans, en 1878, pour prendre la direction des deux services des Télégraphes et des Postes dans le département de la Sarthe.

satisfaction, au passage de ces fringants petits chasseurs bleus dont la France a toujours le droit d'être fière.

La salle du banquet est si bien remplie, qu'en leur qualité de derniers souscripteurs, les Manceaux ont dû être relégués à une petite table dans la salle voisine de la Rotonde.

Bien que « privés de truite saumonée », comme des enfants pas sages, nous nous trouvons fort bien et très agréablement à notre petite table. Nous y sommes entre nous, avec notre aumônier et deux camarades du 75ᵉ, qui rivalisent d'attentions à notre égard. Bref, l'entrain et la gaieté sont tels qu'à plusieurs reprises on nous fait prier, des sphères officielles, de faire un peu moins de tapage, et que nous n'entendons pas un mot des solennels discours de la fin.

Le mal n'est pas grand. On y fait, paraît-il, de la politique, et on n'y laisse pas place aux représentants directs du 75ᵉ. Or, nous ne sommes pas venus à Blois pour faire de la politique, et nous y sommes venus pour applaudir le 75ᵉ ! Quitte à passer pour des enfants mal élevés, nous préférons, certes, notre petite table, où le maire de Blois vient d'ailleurs très gracieusement nous voir.

Que cet aveu rassure donc les amis qui ont éprouvé quelques remords au sujet des Manceaux (1). Tous nous rapporterons de Blois, grâce à l'accueil du maire, de l'évêque, de la population et des anciens du 75ᵉ, un excellent souvenir (2).

Cependant, comme l'historien de l'expédition a le devoir d'être rigoureusement sincère, nous ajouterons que, de toute la journée, c'était la cérémonie du matin à la cathédrale qui avait fait le plus de plaisir aux moblots de la Sarthe, et qui leur laissera les plus durables impressions. L'un d'eux, qu'on ne peut qualifier de « clérical », l'a formellement déclaré lui-même.

Les paroles les plus éloquentes ne suffisent point au cœur : il lui faut en plus les nobles et reconfortantes espérances de l'au-delà.

(1) Cf. Le compte-rendu de la journée du 3 octobre, publié dans la brochure *En mémoire du 75ᵉ Mobiles, Souvenir aux survivants*, Blois, 1909.

(2) Dans leurs comptes-rendus des fêtes, *L'Écho du Centre*, *L'Indépendant* et *la Croix de Loir-et-Cher* ont consacré au 33ᵉ mobiles des articles spéciaux : les Manceaux ont le devoir de les en remercier tout particulièrement.

De plus, M. le général Coquel, commandant aujourd'hui la 18ᵉ brigade à Blois et ancien officier au 62ᵉ de marche, avait bien voulu, par l'intermédiaire de M. Erard, joindre toutes ses sympathies à celles qu'avaient déjà témoignées aux mobiles de la Sarthe, M le maire de Blois, MM. Lebert, Miron de l'Espinay, Lebatard, Albert Guérin, Alfred Léauté, Pierre Dufay, et Guignard de Butteville, ancien président du Comité (l'un de nos confrères de la Société d'Archéologie).

MONUMENT DE COULMIERS.
(Dessin de M. Paul VERDIER).

COULMIERS

4 Octotobre 1909

Le dimanche 3 octobre avait été tout entier consacré aux mobi_
les de Loir-et-Cher : le lendemain, les Manceaux, rentrés pour
ainsi dire en famille, songeaient à leurs propres morts, et tous, à
l'exception de M. Tual, malheureusement rappelé au Mans, se
rendaient en pèlerinage au champ de bataille de Coulmiers.

La pensée de ce pèlerinage était pieuse et patriotique ; son intérêt très vif au double point de vue historique et militaire. C'était
une occasion exceptionnelle pour reconstituer sur le terrain même,
d'après les indications verbales d'anciens combattants, le rôle
glorieux du 33ᵉ (1).

Nous partons à 7 h. 15 du matin, par le tramway départemental
d'Oucques : le temps, moins mauvais que la veille, demeure incer-
tain et variable, en harmonie avec nos impressions mélangées de
tristesses et de fierté. Le paysage est plat et dénudé ; de loin nous
maudissons déjà dans la plaine le village de Pontijoux, de « maus-
sade mémoire ».

A quelques kilomètres au delà de Oucques, les noms des stations elles-mêmes commencent à faire bondir les vieux moblots.
Voici, en effet, Marchenoir, bourg de chétive apparence en dépit
de la grosse tour carrée de son église, mais qui occupe une grande
place dans l'histoire de leur entrée en campagne. Un peu après,
voici la forêt, cette forêt de Marchenoir d'une si haute importance
stratégique en 1870, autour de laquelle ils ont fait, avec leurs
camarades de Loir-et-Cher, le dur apprentissage de la guerre :
non sans indignation, ils la retrouvent aujourd'hui exploitée par
une société allemande! Sur la lisière, voici Lorges, Saint-Lau-
rent-des-Bois, Autainville, la Colombe, Ecomans, des noms non
moins mémorables pour les troupiers du 33ᵉ. Plus en avant, c'est
la halte de Binas, avec les tragiques et sanglants souvenirs du

(1) Ce n'était pas, cependant, le premier pèlerinage de ce genre. En 1872, à
l'occasion de l'inauguration du monument de Cheminiers, à Epieds, et en 1895,
lors du 25ᵉ anniversaire de Coulmiers, des délégations du 33ᵉ, le colonel en
tête, étaient déjà revenues prier sur le champ de bataille pour les morts du
régiment.

massacre des francs-tireurs, dont le sergent-major Érard nous a fait un si poignant récit.

Enfin voici sur la grande route du Mans à Orléans, que suit maintenant le tramway, Ouzouer-le-Marché, point de départ du 33e le matin du 9 novembre, Charsonville, le hameau de Saintry où le 3e bataillon reçut son premier obus, la station d'Epieds…. celle de Coulmiers.

En quelques minutes, nous venons de traverser tout le champ de bataille. Emus, anxieux, nous nous pressons sur la plate-forme ou aux portières des wagons : avec une volubilité involontaire, les souvenirs se pressent et se heurtent, les questions s'entre-croisent. Nous oublions les années et nous mélangeons les temps, ranimant cette plaine, aujourd'hui si paisible, du fracas de la bataille et des cris des combattants.

Mais, dominés avant tout par leurs généreux sentiments, les anciens du 33e ne perdent pas de vue que, s'ils sont venus avec une joie bien naturelle revoir le théâtre de leurs exploits, ils sont venus aussi prier pour ceux qui ont payé la victoire de leur vie. Aussitôt débarqués à Coulmiers, leur premier acte est donc de se diriger vers l'église. Bien qu'il soit déjà plus de 10 heures, leur aumônier a eu le dévouement de rester à jeun et il se propose de célébrer une messe pour les morts du 33e, au centre même de leur triomphe.

Un incident regrettable ne permet pas la réalisation de ce projet. M. le curé de Coulmiers a oublié le rendez-vous au dernier moment, et il s'est absenté, emportant sur lui la clef de sa sacristie. Il faut se borner à la récitation en commun d'un *De Profundis* et à la visite de l'église.

Restaurée depuis 1871, l'église de Coulmiers ne porte plus de traces du combat. En revanche, elle contient deux inscriptions commémoratives dont la lecture fait battre tous les cœurs patriotes.

La première et la plus ancienne en date, se trouve au bas de la nef, du côté de l'évangile ; elle est ainsi conçue.

†

IN HOC SIGNO VINCES

EN ACTIONS DE GRACES

POUR LA VICTOIRE

REMPORTÉE A COULMIERS

SUR LES ARMÉES ALLEMANDES.

La seconde, plus détaillée, a été placée postérieurement dans la chapelle de la sainte Vierge, par les soins du comité départemental de secours aux blessés du Loiret.

Le maire de Coulmiers, M. de Villebonne, ayant bien voulu, lui, ne pas oublier nos estomacs et faire prévenir de notre passage le « grand hôtel » du lieu, nous y déjeunons en continuant de parler bataille, et nous avons le plaisir d'y être rejoints par le curé de Saint-Péravy-la-Colombe, ami personnel de M. Erard.

Jeune, intelligent, actif, l'abbé Arthur Michel, curé de Saint-Péravy, est à tous égards, par le dévouement, les idées et les œuvres, un prêtre de son temps. Apôtre convaincu et patriote ardent, il conquiert les plus vives sympathies des moblots de la Sarthe, et jette dans leur réunion de Coulmiers une note particulièrement gaie et cordiale. De son côté, paraît-il, il ne gardera pas trop mauvais souvenir des anciens du 33ᵉ, car il leur consacrera la semaine suivante un charmant article dans le journal l'*Echo de la Beauce*, où il lutte de sa vaillante plume pour Dieu et la Patrie.

L'entente est si cordiale que le déjeuner se prolonge quelque peu. Le temps n'est plus, Dieu merci, où il fallait renverser les marmites, et aujourd'hui, sur le champ de bataille de Coulmiers même, les mobiles de la Sarthe ont le droit de « manger la soupe » en paix.

On finit cependant par rentrer en campagne et, après une visite de remerciements à M. le Maire, on se dirige, sans plus de retard, vers les monuments commémoratifs, le récent monument des Bavarois et le grand monument français de la bataille.

Du premier, que nous saluons dans le cimetière avec le respect dû à des ennemis malheureux, nous ne dirons qu'un mot : c'est un lourd sarcophage surmonté d'un casque de forme antique, d'un effet disgracieux.

Quant au monument de la bataille, élevé en 1876 sur la route, à l'extrémité du parc, près de l'endroit où les vaillants mobiles de la Dordogne donnèrent l'assaut décisif, il offre, au-dessus d'un caveau funèbre, une énorme croix de pierre, massive et indestructible, sur laquelle sont gravés les noms des soldats français tués dans le combat. Nous y retrouvons, avec un double sentiment de regret et d'orgueil, ceux des mobiles du 33ᵉ, inscrits à une place d'honneur à côté de leurs camarades de la Dordogne (1).

(1) *Le Nouvelliste de la Sarthe*, du 8 novembre 1895, a publié une liste de ces noms.

Comme le 75ᵉ, le 22ᵉ régiment de mobiles (mobiles de la Dordogne), qui faisait partie de la division Barry (16ᵉ corps) et se conduisit si bravement à l'assaut du parc de Coulmiers, fut uni pendant toute la campagne au 33ᵉ mobiles par des liens particuliers de fraternité et d'estime, par de vives sympathies qui se conservent entre les survivants. V. le très intéressant ouvrage de M. Emile

Pendant que M. Erard et M. le curé de Saint-Péravy s'efforcent de photographier le groupe des pélerins manceaux, nous examinons passionnément, pour notre part, l'ensemble du champ de bataille.

L'emplacement, en effet, est favorable entre tous. Construit sur une légère éminence qui domine la plaine, au bord de la grande route d'Orléans au Mans, le monument de Coulmiers marque exactement le centre de la ligne de bataille allemande, le 9 novembre 1870. Il s'appuie immédiatement au parc du château qui en forma le réduit.

A gauche de la grande route, c'est-à-dire vers le sud, apparaissent successivement la ferme de Cléomont, le Grand Lus, le château de la Renardière et le village de Baccon, attaqués et occupés par les troupes du 15e Corps.

A droite, c'est-à-dire vers le nord, s'étendent, en avant des villages de Rosières, Gemigny et Saint-Sigismond, la ferme de l'Ormeteau, les villages de Cheminiers et de Champs, objectifs directs du 16e Corps.

Le 33e mobiles faisant partie de ce dernier corps qui formait la gauche des Français, nous portons tout spécialement notre attention sur la droite de la ligne allemande, appuyée, d'un côté au parc de Coulmiers et aux carrières des Crottes, de l'autre, au village de Saint-Sigismond.

D'après les cartes du grand état-major allemand, cette droite du corps d'armée bavarois fut constituée définitivement, dans l'après-midi du 9 novembre, par la 4e brigade d'infanterie (général-major Von der Tann Rathsamhausen, 7e bataillon de chasseurs à l'Ormeteau, 10e régiment d'infanterie près de Vaurichard), par la 5e brigade de cavalerie (en avant de Rosières), par la 2e brigade d'infanterie (général-major de Orff, 2e et 11e régiments d'infanterie, 4e et 9e chasseurs, en face de Cheminiers), par la 4e brigade de cavalerie et une brigade de cuirassiers (autour de Saint-Sigismond). Ses masses d'artillerie étaient groupées entre Coulmiers et l'Ormeteau, en arrière des carrières des Crottes (4 batteries), et en face de Cheminiers et de Champs (6 batteries) (1). C'est, en réalité, contre ces 6 dernières batteries et contre les troupes des

Géraud, ex-sous-officier au 22e et ancien maire de Bergerac, resté un fidèle ami pour M. Erard. (Emile Géraud. *Les Mobiles de la Dordogne*, Bordeaux).

Le dessin du monument de Coulmiers reproduit ci-dessus, ainsi que ceux du monument de Cheminiers et du château de Villepion, est dû au talent de notre excellent ami M. Paul Verdier : nous lui renouvelons ici nos bien sincères remerciements.

(1) *La guerre franco-allemande de 1870-72*, par le grand état-major prussien, traduction Costa de Serda, 12e livr.

LUNDI 4 OCTOBRE 1909

AU MONUMENT DE COULMIERS

(Cliché de M. Erard).

4ᵉ et 2ᵉ brigades d'infanterie, que les mobiles de la Sarthe devaient se heurter.

Après nous être ainsi rendu compte des positions allemandes, nous abandonnons les moins ingambes de nos compagnons au pied du monument, où M. de Villebonne viendra aimablement leur serrer la main, et avec un détachement d'intrépides, nous nous lançons dans la plaine pour rejoindre les lignes françaises et suivre plus particulièrement les mouvements du 33ᵉ.

Absorbés par l'intensité de leurs impressions, nos compagnons nous font un honneur bien inattendu. Sous prétexte que nous avons une bonne carte, — et que nous n'avons point perdu nos jumelles comme jadis leur général, — ils nous dévoluent le soin de diriger la marche : par une amicale anomalie, ils laissent ainsi leur conscrit les conduire sur leur propre champ de bataille ! Il est vrai que l'aspect des lieux s'est un peu modifié, que de nouveaux bois de sapins ont poussé çà et là et déroutent les vieilles mémoires.

Quoiqu'il en soit, la responsabilité est grande pour le conscrit : il s'agit de soutenir la renommée topographique de la jeune armée !

Par bonheur, nous avons eu de bons maîtres au 103ᵉ d'infanterie. Sans faux mouvement, nous amenons d'abord le détachement, au travers des nouveaux bois, à cette mémorable ferme de l'Ormeteau que le capitaine Couturié, de concert avec le 37ᵉ de marche, enleva si brillamment au 7ᵉ chasseurs bavarois ; puis nous piquons droit dans les guérets, sur le village et le monument de Cheminiers, centre principal des efforts du 33ᵉ.

Bien qu'il ne pleuve pas, la terre est suffisamment détrempée pour nous procurer un spécimen des marches légendaires dans les plaines de la Beauce. A chaque pas, nous enlevons d'énormes mottes qui ralentissent l'allure et la rendent pénible. En 1870, avec le sac et de mauvaises guêtres, ce devait être effroyable !

Nous arrivons quand même.

Le monument de Cheminiers situé sur la commune d'Epieds, au milieu de la plaine, est fort simple. C'est une modeste pyramide sur laquelle est gravée une croix et qui porte cette inscription :

AUX OFFICIERS ET SOLDATS FRANÇAIS
TOMBÉS GLORIEUSEMENT SUR SON TERRITOIRE
LE 9 NOVEMBRE 1870
LA COMMUNE D'ÉPIEDS

SOUVENIR FRANÇAIS
1872

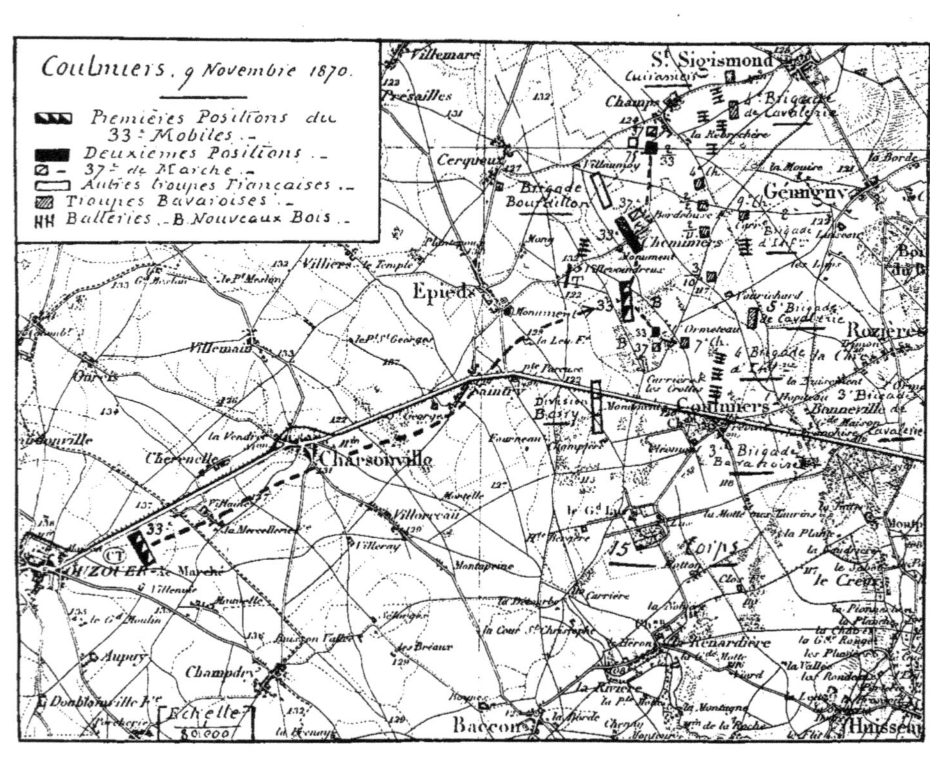

Coulmiers, 9 Novembre 1870.
Premières Positions du 33e Mobiles.
Deuxièmes Positions.
37e de Marche.
Autres troupes Françaises.
Troupes Bavaroises.
Batteries. B. Nouveaux Bois.
Villemare
St Sigismond
Presailles
Cerqueux
Champ
Brigade de Cavalerie
la Renardière
Villaumoy
Genigny
Brigade Bourdillon
la Mouire
la Borde
les Loups
Chemiers
Epieds
Monument
Villevoudreus
Villiers le Temple
33
B
Ormeteau
8e Brigade de Cavalerie
Rozieres
le Pt St Georges
Villemain
Ouris
7e Ch.
Carrière les Crottes
Coulmiers
Bonneville
Georges
Baccon
Bossy
Division
Cherenelle
la Vendrie
St Charsonville
3e Brigade Bavaroise
Villoreau
Villeray
le Gd Luit
la Motte aux Lauriers
Loigs
le Creu
Huzolier le Marche
Villenue
Montaprine
Carrière
la Nohue
Renardière
Aupiry
Buisson Vallée
les Briaux
la Cour St Christophe
Héron
la Rivière
Champdry
Doublanville
Echelle
80.000
Baccon
Hussen

Bien que cette inscription ne fasse pas mention spéciale des mobiles de la Sarthe, ceux-ci sont en droit de revendiquer le principal honneur du monument de Cheminiers. On peut même dire que c'est *leur* monument, car il marque le point décisif de leur résistance (1).

C'est donc de ce point, face à la ligne allemande, qu'il convient le mieux de reconstituer l'ensemble des mouvements du 33ᵉ.

Parti le matin du 9 novembre, à 8 heures, d'Ouzouer-le-Marché, à 11 kilomètres environ en arrière, le régiment, réuni tout entier sous le commandement de son brillant colonel, le Vicomte de la Touanne, s'était d'abord porté sur Charsonville, en ligne de bataillons, parallèlement et sur la droite de la route du Mans à Orléans : des tirailleurs précédaient les bataillons, à cinq cents pas en avant. Avec le 33ᵉ s'avançait le 37ᵉ de marche, son camarade de brigade (brigade Deplanque, 16ᵉ corps).

Un peu après Ouzouer, la brigade avait fait pour la première fois la connaissance de son nouveau général de division. le contre-amiral Jauréguiberry, resté si populaire parmi les anciens mobiles, sous le pittoresque sobriquet de *grand bateau*. Puis, Charsonville avait été dépassé sans incident.

Vers 9 h. 1/2, aux abords du hameau de Saintry, le canon avait commencé à se faire entendre, et à 10 heures le premier obus allemand était tombé sur la colonne.

Le 33ᵉ mobiles avait alors traversé la grande route et reçu pour points de direction Cheminiers et Gémigny.

Quelques instants plus tard, il avait pris position dans la plaine, aux abords de Cheminiers ; en face, mais un peu à gauche de l'Ormeteau et Vaurichard.

Immobile pendant plusieurs heures dans cette position, il avait bravement supporté le feu des batteries allemandes de Coulmiers et de Saint-Sigismond, qui lui avaient causé des pertes sensibles, puis, après un changement de formation des plus dangereux, le 1ᵉʳ bataillon et quatre compagnies du 2ᵉ avaient occupé et crénelé le hameau même de Cheminiers.

Vers 2 heures, le commandant de la 2ᵉ brigade bavaroise, le général de Orff, tentait un vigoureux mouvement offensif sur ce village, avec l'appui de quatre nouvelles batteries, pendant que les cuirassiers bavarois et leurs batteries à cheval forçaient l'un des bataillons du 37ᵉ de marche à évacuer Champs. Le général de

---

(1) Un intéressant compte-rendu de l'inauguration du monument de Cheminiers a été publié dans la *Sarthe*, en nov. 1872, par M. D. Mallet, ancien officier au 33ᵉ, et reproduit en appendice dans la 2ᵉ édition de l'ouvrage de l'abbé Morancé.

Orff parvenait même à amener ses canons jusqu'à cinq cents pas de Cheminiers et lançait ses bataillons sur le village par les intervalles des batteries.

Un instant, les infortunés moblots de la Sarthe plient sous ce choc formidable, et leur 1er bataillon évacue Cheminiers qui brûle. Plusieurs compagnies, manquant de cartouches, vont au pas de course en chercher à Epieds : les autres se réunissent au 2e bataillon en soutien du 3e, déployé en dehors du village. C'est le moment le plus chaud et le plus critique de la journée.

Grâce à son énergie, cependant, l'amiral Jauréguiberry peut ne pas abandonner complètement Cheminiers et il amène à son tour dans cette direction une nouvelle batterie de 12.

Enfin, vers 3 heures, sa 2e brigade, la brigade Bourdillon qui comprend le 75e mobiles et marche en deuxième ligne, arrive au sud de Champs, et on apprend les progrès des autres divisions devant Coulmiers. Réconforté par ces événements, l'amiral forme aussitôt une colonne d'attaque pour reprendre le village de Champs ; deux bataillons du 37e de marche, un du 75e mobiles et le 2e du 33e en font partie. Avant la nuit, le hameau est reconquis et ce succès, coïncidant avec l'enlèvement de la ferme de l'Ormeteau, achève la victoire du 16e corps. Sur leur droite, comme au centre et sur leur gauche, les Bavarois sont en pleine retraite.

Le 33e mobiles, on le voit, avait largement payé sa dette au cours de cette mémorable journée, et c'est aux abords de Cheminiers, depuis l'Ormeteau jusqu'à Champs, qu'il avait subi les plus rudes chocs. Jusqu'à l'arrivée tardive de la brigade Bourdillon, il y avait combattu, avec le seul 37e de marche, contre le 7e bataillon de chasseurs bavarois commandé par le capitaine Hoderlein, le 3e bataillon du 10e régiment d'infanterie (capitaine Wetzger), le 2e du 11e (major Boche) le 2e du 2e (major de Coulon), les 4e et 9e bataillons de chasseurs (capitaine Woehr et lieutenant-colonel de Massenbach), soit contre six bataillons d'infanterie allemande appuyés de six batteries, sans compter celles de Coulmiers. Longtemps, sur ce point du champ de bataille au moins, les forces françaises n'avaient pas été supérieures à celles de l'ennemi et les jeunes mobiles du 33e, qui voyaient le feu pour la première fois, y avaient tenu tête, *à effectifs égaux*, aux vieux soldats des 4e et 2e brigades bavaroises. Il est parfois bon de préciser, et de préciser avec les renseignements fournis par l'adversaire lui-même.

Vu du monument de Cheminiers, l'aspect du champ de bataille s'est, paraît-il, un peu modifié depuis trente-neuf années. Les nou-

MONUMENT DE CHEMINIERS.
(Dessin de M. Paul VERDIER).

veaux bois de sapins, que nous avons trouvés autour de l'Ormeteau, rétrécissent l'horizon, présentant des couverts qui n'exis-
taient pas en 1870, et auraient sans doute rendu la lutte plus difficile encore. Mais le hameau de Cheminiers est toujours là, avec
sa ferme avancée de Bordebuse, et la plaine s'étend toujours au
premier plan, triste, immense, à peine coupée de quelques légères
ondulations.

Les moblots du 33ᵉ saluent de loin, dans cette plaine, le point
où fut tué leur jeune lieutenant Alphonse de Lamandé, et nous
indiquent plus vaguement, du côté de Champs, celui où le très
aimé commandant du 2ᵉ bataillon, le vicomte de Montesson, fit
une chute de cheval si malheureuse. A tous leurs camarades tués
ou blessés ici-même, ils accordent un souvenir sincèrement ému.

A la première heure, les rapports officiels évaluèrent les pertes
du 33ᵉ mobiles à Coulmiers, à 44 tués et 220 blessés. Aujourd'hui,
les noms de 83 morts du régiment figurent sur les monuments
commémoratifs ! Le 33ᵉ mobiles, comme les mobiles de la Dordogne, avait bien mérité l'honneur que le gouvernement fit à ces
deux régiments, en les mettant, par le décret du 18 novembre, à
l'ordre du jour de l'armée « pour leur intrépidité et leur sang-
froid » à la bataille de Coulmiers !

Du monument de Cheminiers, nous nous dirigeons sur Epieds.
A mi-chemin environ, nous rencontrons la ferme de Villevoin-
dreux où avaient pris position tout d'abord les batteries de Jauréguiberry, et nous reconnaissons l'emplacement de la grande tranchée, creusée au moment critique de la bataille, pour servir au
besoin de refuge aux 37ᵉ de marche et 33ᵉ mobiles. M. Erard a lui-
même travaillé à cette tranchée, et c'est de là, qu'après avoir reçu
une balle morte dans l'épaule, il a contemplé les dernières phases
de l'action.

A l'entrée du bourg d'Epieds, une agréable surprise attend les
mobiles de la Sarthe. Ils y trouvent un nouveau et élégant monument, qui, cette fois, évoque tout spécialement le souvenir de leur
régiment.

Ce nouveau monument se compose d'un socle en pierre, surmonté d'une réplique, en bronze, du porte-drapeau du monument
de l'armée de la Loire, au Mans.

LUNDI 4 OCTOBRE 1909

AU MONUMÉNT D'ÉPIEDS

(Cliché de M. ERARD).

Sur la face principale du socle, on lit :

Aux Soldats
morts pour la Patrie
dans la journée
du 9 novembre 1870,

15e et 16e Corps d'armée
33e régiment de mobiles (Sarthe)
37e régiment de marche,

Hommage du Souvenir français
et de la Commune d'Epieds.

Sur les autres faces, sont gravés les noms de 83 officiers, sous-officiers ou soldats du 33e, ceux des morts du 37e de marche et de sept soldats originaires d'Epieds.

Par une heureuse coïncidence, les camarades laissés à Coulmiers et qui nous ont rejoints en voiture, nous attendent autour de ce monument. Tous ensemble, nous pouvons donc accorder aux martyrs du 33e un dernier hommage.

Et, en effet, notre pélérinage sur le champ de bataille de Coulmiers est déjà terminé ! L'heure de la dislocation est arrivée, fatale, inexorable, et la plupart de nos compagnons doivent reprendre le train à la station d'Epieds, pour rentrer le soir même au Mans. Seuls, M. le chanoine Nouet, M. Erard et le moblot de contrebande que nous sommes, vont pouvoir continuer jusqu'à Loigny.

A la fin de toute excursion, l'heure de la dislocation est toujours triste, mais, ce soir-là, à Epieds, elle fut plus triste encore. Depuis trois jours, unis autour de leur drapeau dans une communauté de sentiments patriotiques et d'espérances chrétiennes, ces dix-sept moblots de la Sarthe s'étaient, comme il y a trente-neuf années, fraternellement senti les coudes. A la fidèle évocation des défunts, ils avaient ajouté les nobles exemples d'une amitié sincère entre les survivants, d'une camaraderie que n'ébranlent ni la diversité des opinions, ni la différence des conditions, d'un attachement inébranlable à l'Honneur et à la Patrie. Ils avaient, pour ainsi dire, ressuscité et fait revivre, pendant ces trois jours, leur vaillant régiment.

La mort, hélas, conservera ses droits. D'année en année, de nouveaux vides se creuseront dans les rangs..... Reverra-t-on jamais une si touchante « résurrection » du 33e ?

Pour notre part, nous considérerons toujours comme un honneur d'avoir été témoin de cette résurrection, et nous garderons une profonde gratitude aux excellents concitoyens qui, par une très flatteuse exception, ont bien voulu admettre le conscrit de 1876 à marcher ainsi quelques instants à leurs côtés, sous les plis du glorieux drapeau du 33ᵉ mobiles.

Saint=Péravy=la=Colombe
Villepion, Loigny
4 et 5 Octobre 1909

Le soir du lundi 4 octobre, les « pélerins manceaux » ne restaient plus que trois : deux, au moins, avaient toute autorité pour continuer à représenter le groupe trop vite dispersé.

Depuis les derniers coups de feu de Coulmiers jusqu'à la nuit sanglante de Loigny, M. l'abbé Nouet et M. Erard n'avaient pas quitté leur régiment; ils avaient partagé toutes ses épreuves, tous ses dangers. Sous leur direction, le pélerinage à Loigny ne devait perdre ni en intérêt ni en émotions.

Le modeste auteur des *Souvenirs d'un mobile de la Sarthe* tient tout d'abord à revoir et à nous faire visiter l'église d'Épieds. Dans la nuit du 9 novembre 1870, cette église avait été transformée en ambulance : il était venu y dire l'au-revoir suprême à d'infortunés camarades, et cette scène lugubre lui avait laissé une impression d'horreur qu'il a traduite dans son livre avec une intensité extraordinaire.

Mais l'ancienne église a disparu et elle a fait place à un édifice entièrement neuf; l'inscription érigée en 1872 par le colonel de la Touanne, au lieutenant de Lamandé et aux soldats du 33ᵉ mobiles, y rappelle seul le souvenir de la bataille (1).

Nous ne pouvons nous défendre au premier moment d'une déception pénible. Il est des édifices que l'intérêt historique, à défaut de l'intérêt architectural, devrait faire scrupuleusement respecter !

Tout à coup, comme un rayon de soleil après l'orage, comme un symptôme d'espérance après la défaite, nous apparaît, dans cette nouvelle église d'Épieds, une belle statue de Jeanne d'Arc, récemment inaugurée et toute resplendissante de gloire

(1) La reproduction exacte de cette inscription se trouve à la suite du compte-rendu précédemment cité.

dans sa parure de fête. L'effet est magique ! A la mauvaise humeur, aux tristesses du cœur succèdent instinctivement, dans nos âmes de patriotes, une joie indéfinissable, un sentiment profond de réconfort. Jeanne d'Arc bienheureuse, n'est-ce pas un nouveau et éclatant triomphe de la Patrie, n'est-ce pas le providentiel indice, qu'en dépit des défaites momentanées et des doctrines anti-nationales, les destinées de la France ne sont point achevées !

L'impression est si forte que les douloureux souvenirs de l'ancienne église sont effacés, et que la partie du champ de bataille qu'il nous reste à parcourir ne se présente plus à nos yeux sous le même aspect. Jeanne, la bonne française, l'a illuminée pour nous de patriotiques espoirs et de consolantes pensées.

C'est en devisant gaiement que nous traversons le village de Champs, si rudement disputé le 9 novembre 1870 ; nous y promettons même une honnête récompense a qui retrouvera le fusil que le sergent Erard y a perdu, il y a trente-neuf ans.

C'est en riant des ravages de la « crotte » que nous cotoyons l'emplacement du maudit camp de Saint-Sigismond, trop célèbre par ses boues.

Il est vrai qu'il y survient « au conscrit » une plaisante mésaventure. Ayant aperçu dans la cour d'une grande ferme tout un régiment de poules d'extraordinaires couleurs, blanches et bleues, et d'une espèce à lui inconnue, il conçoit l'audacieuse ambition de doter ses concitoyens d'une nouvelle race de volailles, peut-être même d'obtenir une médaille de son Comice agricole ! L'infortuné ! Au moment d'acheter au poids de l'or un couple de ces poules au merveilleux plumage, il apprend qu'elles sont tout simplement... peintes ! C'est, paraît-il, le moyen employé par les fermières de la Beauce pour reconnaître leur bien : les unes peignent leurs poules en bleu, les autres en rouge. Que le diable croque les poules bleues de Saint-Sigismond !

En attendant, et bien qu'il soit déjà tard, on ne peut se dispenser de faire halte à Saint-Péravy, chez l'excellent curé, devenu depuis le déjeuner du matin un ami pour les moblots de la Sarthe.

M. l'abbé Michel, dont le père a été massacré par les Prussiens, nous reçoit avec tout son cœur et nous fait admirer, dans son église, un magnifique rétable d'autel qui provient de l'ancien couvent de la Visitation d'Orléans. Entourée encore d'un vieux cimetière, cette église de Saint-Péravy ne manque pas d'un certain cachet. Elle au moins n'a pas changé, et c'est là même qu'avant Loigny, le général de Sonis et le colonel de Charrette assistèrent à la messe.

Un autre souvenir, cependant, d'un plus haut intérêt historique, devait nous rester de ce passage à Saint-Péravy-la-Colombe. Du jardin du presbytère, on découvre, dans toute son étendue, le champ de bataille de 1429, le théâtre de la mémorable victoire de Jeanne d'Arc ! M. l'abbé Michel nous en montre les limites en nous indiquant l'emplacement de la *Croix Blon* et de la *Croix Faron* restées célèbres dans les traditions locales (1).

D'après le dicton populaire attribué à Jeanne d'Arc :

« *Entre la Croix Blon et la Croix Faron, nous les aurons* »,

c'est entre ces deux croix, en effet, que se serait levé le bienheureux cerf qui révéla à l'avant-garde française, dans l'après-midi du 18 juin 1429, la position de l'ennemi. La première, la *Croix Blon*, se trouve à peu de distance de Saint-Sigismond, sur la route même que nous venons de suivre : la seconde, la *Croix Faron*, au bord du chemin qui va de Saint-Péravy au hameau de Chênes.

Grâce à la topographie du sol, il n'est point impossible, au bout de 480 ans, de reconstituer les différents épisodes de la bataille.

Elle s'est livrée, à deux kilomètres à peine à l'est de Saint-Péravy, dans le triangle formé par les villages de Chêne, de Coinces et de Roumilly. Tout d'abord, les Anglais durent se dissimuler dans le bas-fond de Coinces, où le cerf les fit découvrir, et la nouvelle position qu'au dire des chroniqueurs, ils cherchèrent ensuite à occuper, peut fort bien être, comme on l'a supposé, le mamelon de Chêne.

En tout cas, Jeanne d'Arc et son armée, arrivant en ligne droite de Meung par une ancienne voie romaine qui passe un peu à gauche de Coulmiers, avaient traversé Saint-Sigismond, puis s'étaient avancés, en ordre de bataille, la gauche à Coulmelle et Saint-Péravy, le centre au hameau de Frécul, la droite à Nuisement. Un léger mouvement oblique les avait amenés ensuite à la croix Faron, aux villages de Chêne et de Coinces, centres de la mêlée.

Avidement, nous contemplons ce sol, où chargea, avec tant de fougue et d'entrain, le 18 juin 1429, notre vaillant capitaine manceau, Ambroise de Loré; cette plaine que la Libératrice de la France elle-même parcourut dans tout l'éclat du triomphe. Il faut l'avouer, cependant, le paysage est banal. On devine à peine les ondulations du terrain, et il ne reste plus trace des buissons, ou mieux de ces « haies de Patay », derrière lesquelles Talbot espérait résister.

(1) Cf. : de Vassal, *La bataille de Patay, la Croix-Blon et la Croix-Faron*, Orléans, 1890, in-12.

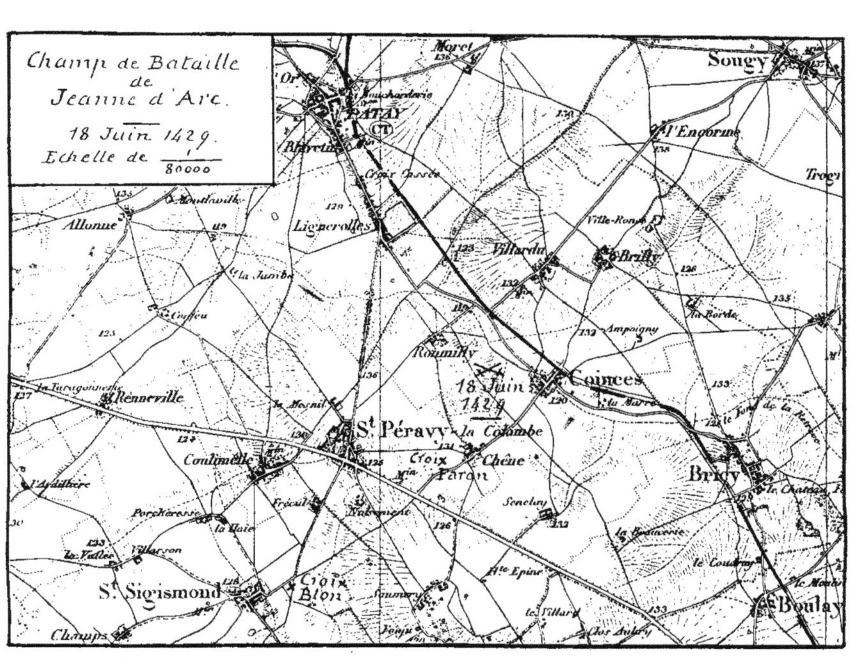

Champ de Bataille
de
Jeanne d'Arc.
18 Juin 1429.
Echelle de 1/80000
Orléans
la Bouchardie
PATAY
Blaireau
Croix Cassée
Morel
Sougy
l'Encorne
Trog
Allonne
S. Moutlaville
Lignerolles
Villardu
Ville-Rouge
Brilly
la Jambe
Coffeu
Ampoigny
la Borde
Rommilly
18 Juin 1429
Coinces
la Marre
la Tarragonnette
Renneville
le Mesnil
St Péravy-la-Colombe
la Jerie de la P.
Coulmelle
Croix Faron
Chêne
Bricy
le Château
l'Ardillière
Porcheronne
Trécail
Kakronicote
Seneloy
la Braimerie
le Coudray
la Haie
le Vallée
Villarson
Hte Epine
le Moulin
St Sigismond
Croix Bion
Sonmury
le Villard
Boulay
Champs
Clos Aubry

Pour comble d'anachronisme, la ligne du chemin de fer d'Orléans à Patay passe aujourd'hui à Coinces, en plein champ de bataille !

Comme nous cheminons dans une modeste carriole digne du xve siècle, nous au moins nous ne déflorons pas le tableau, et c'est tout pénétrés des souvenirs de Jeanne d'Arc qu'à la nuit nous débarquons à Patay, à l'hôtel Saint-Jacques.

Suivant le programme arrêté par le sergent Erard, la matinée du lendemain mardi est exclusivement réservée au château de Villepion.

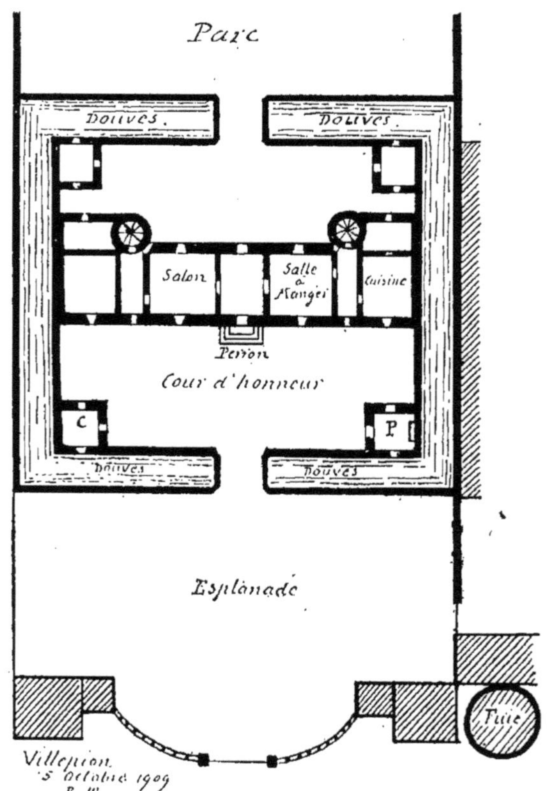

PLAN DU CHATEAU DE VILLEPION.
(Croquis à vue, sans échelle).

Nous y arrivons, sans arrêt, par Rouvray-Sainte-Croix, Terminiers et Faverolles.

Situé au milieu de la plaine, à 2500 mètres environ au sud-ouest de Loigny dont on aperçoit très distinctement le clocher, le château de Villepion offre à première vue un spécimen fort intéressant d'ancienne demeure seigneuriale.

Une vaste esplanade, fermée par une magnifique grille du

xviiie siècle, et flanquée, entre autres dépendances, d'une énorme fuie que surmonte un élégant lanternon, précède la cour d'honneur.

Celle-ci est entourée de douves, aujourd'hui desséchées, à l'angle desquelles s'élèvent de petits pavillons carrés à toits aigus. Le pavillon de gauche (C) renfermait la chapelle. Le pavillon de droite (P) rappelle, comme nous le dirons, des souvenirs particulièrement dramatiques pour M. l'abbé Nouet et M. Erard.

Au fond de cette cour d'honneur — qui a grand air — se présente la façade principale du château, composée d'un bâtiment central avec pavillons carrés aux deux extrémités. De superbes épis rendent plus pittoresque encore la silhouette des toitures.

CHATEAU DE VILLEPION.

Façade sur la Cour d'honneur.
(Dessin de M. Paul VERDIER).

La façade d'arrière, plus irrégulière, s'augmente de deux tourelles rondes, encastrées entre le bâtiment central et les pavillons. Son aspect général est plus ancien.

Autant que nous pouvons en juger, d'ailleurs, en dehors de tout renseignement historique, le château de Villepion révèle des traces d'époques très différentes. Certaines parties doivent remonter au moins au xve siècle ; d'autres sont du xviie, et il y eut un dernier remaniement au xviiie.

Dans son ensemble, l'édifice est imposant et mérite toute l'attention des archéologues.

Entouré d'un vaste parc, de près de 800 mètres de longueur, enclos de murs, il constitue au milieu de la plaine une sorte de réduit, et prit, en 1870, une importance stratégique qui lui valut l'honneur de donner son nom à la bataille du 1er décembre.

Le matin de cette journée, vers 10 heures, le 33e mobiles avait quitté joyeusement son triste camp de Saint-Sigismond, traversé Saint-Péravy, passé à droite de Patay, et par un changement de direction à gauche, marché vers le nord sur Guillonville, le premier bataillon couvrant la gauche de la brigade, jusque vers les bois de Péronville.

Pendant que le 3e bataillon, de concert avec le 37e de marche, occupait Guillonville et luttait, en avant de Chauvreux et Nonneville, contre la brigade bavaroise du général de Orff — son vieil adversaire de Coulmiers — le 2e bataillon du 33e, sous la direc-

CHATEAU DE VILLEPION.

Façade sur le Parc.
(Dessin de M. Paul Verdier).

tion personnelle de l'amiral Jauréguiberry, s'était avancé peu à peu jusque sous les murs du parc de Villepion, défendu par la brigade du général-major de Dietl. A la nuit tombante, au moment où les camarades du 75e s'emparaient bravement de Faverolles, à droite, les mobiles de la Sarthe mettaient eux aussi baïonnette au canon, et se précipitaient sur la lisière sud-est du parc avec deux bataillons du 39e de marche et le 3e chasseurs. « Vigoureusement « enlevés, écrit l'historien définitif de la guerre de 1870, le colonel « Rousset, nos jeunes soldats pénétrèrent avec élan dans le parc « de Villepion, puis dans le hameau, surprirent un bataillon bava- « rois qui n'eut que le temps de se sauver en laissant entre nos « mains 4 officiers et 26 hommes, et faillirent s'emparer d'une bat- « terie qui était à l'entrée du château. »

Dans cette journée du premier décembre, ajoute le même historien, les forces de l'amiral Jauréguiberry se montaient à environ 17,000 hommes, 7 batteries et 4 pièces de montagne ; celles de l'ennemi étaient à peu près équivalentes et atteignaient le chiffre de 15,940 hommes avec 8 batteries. Pour la seconde fois, les Manceaux avaient donc battu à forces égales des troupes aguerries, et on pouvait dire que le combat de Villepion était un brillant succès pour le 16ᵉ Corps.

Vainqueur, le 33ᵉ mobiles campa sur ses positions : le 2ᵉ bataillon à l'intérieur et autour du parc de Villepion, les deux autres aux abords du village de Nonneville que le 3ᵉ bataillon du 37ᵉ avait fini par conquérir aussi après une lutte acharnée.

C'est de là que le 33ᵉ repart le lendemain 2 décembre, pour jouer son rôle dans la funeste bataille de Loigny.

Dès 8 heures du matin, tout entier concentré à Villepion, le régiment se dirige à deux kilomètres derrière les mobiles de la Dordogne, de la division Barry, à gauche de Loigny, sur la ferme de Morâle, le 3ᵉ bataillon en avant, les deux autres en échiquier et en arrière : Un bataillon du 37ᵉ de marche, de la même brigade (général Deplanque), parvient à occuper Morâle, abandonnée par la division Barry ; les deux autres se jettent dans Loigny (1).

Vers midi, alors que l'amiral vient de donner l'ordre au colonel de la Touanne de pousser bien au delà de Loigny et de Morâle, pour enlever les batteries allemandes de Villeprévost, l'écrasement définitif de la division Barry et l'échec de la brigade Bourdillon, devant le château de Goury, arrêtent net le mouvement.

En même temps, les masses de cavalerie du prince Albrecht (4ᵉ division), avec une nombreuse artillerie, commencent à déborder la brigade Deplanque et la première division bavaroise reprend Morâle.

Le 33ᵉ mobiles exécute alors un changement de front à gauche et pendant près de deux heures tient tête seul à l'ennemi, entre Villerand et Villepion. Un retour offensif du général de Orff (2ᵉ brigade bavaroise) et le feu de nouvelles batteries l'obligent peu à peu à se replier par échelons sur Villepion. Avant d'y arriver, il est chargé par la cavalerie bavaroise. Le 2ᵉ bataillon, surtout, est serré de près : deux mitrailleuses françaises, placées près du moulin à vent, le tirent d'affaire fort à propos.

« Le 33ᵉ mobiles, écriront au sujet de cette périlleuse retraite

____

(1) Cette séparation explique comment le 1ᵉʳ bataillon du 37ᵉ put se replier sur Villepion, alors que les deux autres restaient enfermés dans Loigny : le détail semble avoir échappé au commandant de Sonis. (V. *Le 17ᵉ corps à Loigny*, p 330).

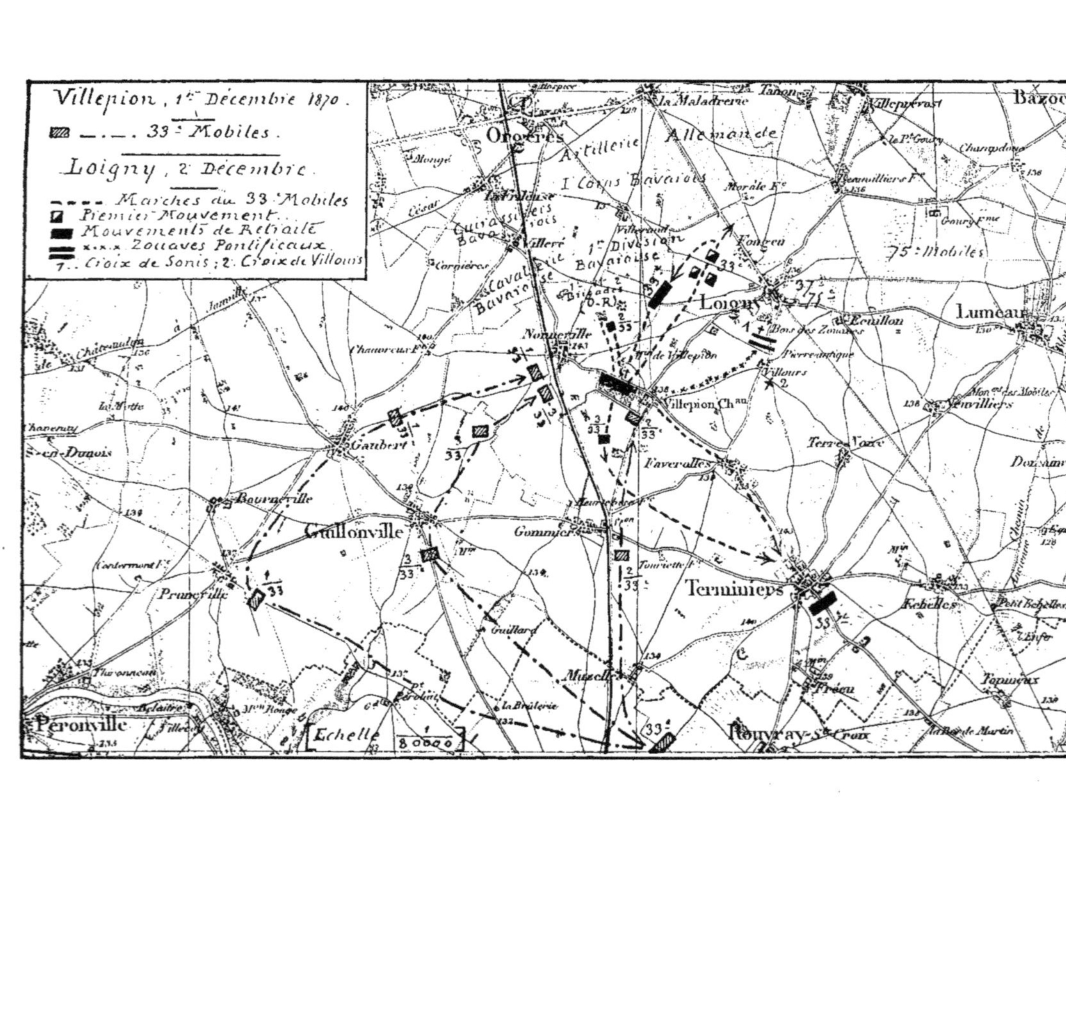

Villepion, 1er Décembre 1870.
33e Mobiles.
Loigny, 2 Décembre.
Marches du 33e Mobiles
Premier Mouvement
Mouvements de Retraite
Zouaves Pontificaux
1. Croix de Sonis ; 2. Croix de Villours
Orgères
La Maladrerie
Villepprevost
Bazoches
Artillerie Allemande
Ier Corps Bavarois
La Falouse
Fermuilliers Fe
Gourg me
Cuirassiers Bavarois
Villeré
Villemuel
Fongren
75e Mobiles
Cornières
Cavalerie Bavaroise
1re Division Bavaroise
33e
Loigny
Brigade
Nonneville
R.
33
Ecullion
Lumeau
Chauvreux Fe
Mlin de Villepion
Bois des Zouaves
Pierreantique
Villours
2
Venvilliers
Chateaudun
Gaubert
Villepion Chau
33
2 33
Terre Noire
Bourneville
Faverolles
Guillonville
Gommier
3 33
2 39
Terminiers
Echelles
Pruneville
Guillard
Touriette
Froau
Topinoux
Peronville
Echelle 1 80000
Muzelle
la Brûlerie
33
Rouvray-St-Croix

« les généraux Chanzy et Jauréguiberry, avait eu d'abord à sup-
« porter un feu d'artillerie des plus violents qui ne l'empêcha pas
« d'essayer d'avancer jusqu'à portée de mousqueterie. Obligé de
« plier, il avait reculé en ordre, en rangs formés comme à la
« manœuvre, s'arrêtant fréquemment pour essayer de nouveau
« l'offensive... En deux heures de combat acharné, il n'avait pas
« reculé de plus d'un kilomètre (1) ».

En somme, le 33ᵉ était de retour aux abords de Villepion lors
de l'entrée en ligne du 17ᵉ corps, et il continuait à y faire si bonne
contenance que le colonel de Charrette pourra encore dire à ses
zouaves, qui partiront de la droite du château : « Ne craignez rien
« sur votre gauche, les gens de la Sarthe sont là ! ».

Mais, à l'heure même où le général de Sonis prononce son mouvement, les Allemands, enhardis par leurs succès autour de Loigny, reprennent une offensive générale contre la gauche du 16ᵉ
corps. De rechef, ils lancent sur Villepion la 4ᵉ division de cavalerie et la 1ʳᵉ division d'infanterie bavaroises.

Vers 3 h. 1/2, la droite de cette dernière s'est avancée jusqu'à
mi-chemin entre Villerand et Villepion : elle atteint le bois de
l'Orme-Rouart (O. R. sur le croquis ci-joint), et Villepion est
enfermé dans un demi cercle de 154 bouches à feu ! Le 2ᵉ bataillon du 33ᵉ, qui se risque à la suite de trois compagnies du 45ᵉ de
marche à réoccuper le bois de l'Orme-Rouart, rentre à grand
peine dans le parc, sous une fusillade très vive (2) : le colonel de
la Touanne lui-même est blessé au retour, et les 1ᵉʳ et 9ᵉ bataillons de chasseurs bavarois ne tardent pas à s'emparer définitivement de l'Orme-Rouart.

Dès lors, le régiment de la Sarthe se trouve littéralement
assiégé autour de Villepion. Si les 1ᵉʳ et 3ᵉ bataillons, postés au
dehors, parviennent sur la fin de la journée (vers 6 heures du soir)
à se replier tant bien que mal sur Terminiers, le 2ᵉ reste pour
ainsi dire oublié dans le parc. Il se hâte, sous la direction de l'é-
nergique capitaine Couturié, d'en créneler les murs et d'y organiser
la défense.

A la nuit, nous dit expressément M. Erard, une troupe allemande se hasarde jusqu'à cent mètres du parc. Les moblots de la

(1) Général Chanzy, *La deuxième armée de la Loire*, p. 74 ; amiral Jauréguiberry, *Rapport sur la bataille de Loigny*. Les Allemands eux-mêmes laissent
entrevoir leur étonnement en constatant *qu'un seul régiment de gardes mobiles*
avait occupé longtemps la région comprise entre le moulin de Villepion et
Villerand. *La guerre franco-allemande*, 13ᵉ livr. p. 480. Or, ce seul régiment
de gardes mobiles, c'était le 33ᵉ.

(2) Commandant H. de Sonis *Le 17ᵉ corps à Loigny*. Paris, Berger-Levrault,
1909, p. 140-143, 189.

Sarthe tiennent bon et par un feu terrible mettent les assaillants en fuite.

On a contesté à tort, croyons-nous, cette attaque à courte distance (1).

Elle nous semble, au contraire, corroborée par les ouvrages allemands du capitaine Hœnig et du major Kunz : « Une tentative « faite par une partie des 1er et 2e brigades pour s'emparer du « parc et du château de Villepion, écrit le premier de ces deux « officiers, échouait malgré le puissant concours de l'artillerie. « Villepion était à ce moment assez bien occupé par le 2e batail- « lon du 33e mobiles et un bataillon du 39e de marche ; le 3e batail- « lon du 33e mobiles était en dehors du parc »... « Le 1er batail- « lon du 2e régiment bavarois (brigade de Orff), dit de son côté le « major Kunz, s'efforce de pousser au-delà du bois, vers le parc de « Villepion, mais il se trouve en but à un feu si violent qu'il doit- « être relevé par le 3e bataillon du régiment du Roi. De même « aussi, les bataillons de la 1re brigade sont accueillis par une telle « fusillade, qu'il ne semble pas opportun, *à une heure aussi tardive,* « de poursuivre une attaque meurtrière contre le château et le « parc de Villepion... » « L'obscurité, ajoute encore l'historique du 16e régiment d'infanterie bavarois (ancien 9e bataillon de chasseurs), nous empêcha de nous emparer de Villepion *défendu avec acharnement* (2). »

Après minuit seulement, les derniers mobiles du 33e évacuèrent Villepion pour aller rejoindre à Terminiers les débris du régiment.

Par une coïncidence curieuse, le 33e avait eu à lutter, le 2 décembre, contre les mêmes troupes qu'à Coulmiers, entre autres contre la 2e brigade bavaroise (général de Orff), et dans l'ensemble de la bataille, la prolongation de la défense de Villepion avait eu une importance indéniable. Elle avait, en quelque sorte, hypnotisé la 1re division bavaroise, et, en la retenant en face du château, l'avait empêchée d'arrêter, par une attaque de flanc, la tentative du général de Sonis sur Loigny. Plus d'une fois, l'inertie imposée à la 1re division bavaroise, le soir de Loigny, par la résistance du

______

(1) Commandant de Sonis. *Le 17e corps à Loigny,* p. 353-356. Au récit très précis de M. Erard et confirmé par les souvenirs du sous-lieutenant Poirier, le commandant de Sonis oppose cette hypothèse « que le bruit produit par la contre-attaque finale des deux bataillons de réserve de la 17e division prussienne [sur un point éloigné du champ de bataille], a pu faire croire aux défenseurs de Villepion à une tentative directe sur le parc ». Cette hypothèse nous paraît singulièrement hasardée, en présence surtout des textes de Hœnig et de Kunz, que nous empruntons à M. de Sonis lui-même.

(2) Commandant de Sonis. *Le 17e corps, à Loigny,* p. 206-209.

33e mobiles, sera reprochée comme une faute de tactique au général de Dietl qui commandait par intérim cette division (1).

Si incomplet qu'il soit, ce résumé suffit pour justifier les émotions poignantes que rappellera toujours aux anciens du 33e le château de Villepion.

Ces émotions sont communicatives. Nous les partageons pleinement et visitons le château avec un aussi vif intérêt que nos deux compagnons.

Voici d'abord, à droite de la cour d'honneur, le petit pavillon où M. l'abbé Nouet et le sergent Erard ont passé, au milieu des blessés, une partie de la soirée du 2 décembre (P). La toiture est en fort mauvais état et l'intérieur en ruine, jonché de débris. Le souvenir des horribles scènes que M. Erard a si bien racontées n'en demeure que plus saisissant.

Voici ensuite le perron et la porte du vestibule du château. L'aumônier a eu là une fameuse chance ! Alors qu'il se tenait sur le seuil même de la porte, un obus est venu tomber au milieu du perron : ses éclats se sont dispersés à droite et à gauche, sans le toucher : il croit voir encore un malheureux mobile frapper de sa main mutilée les murs du vestibule et y imprimer l'empreinte de ses doigts sanglants !

Nous pénétrons dans le château. Il est en ce moment démeublé et dans un état d'abandon qui cadre fort bien avec la disposition de nos esprits. Les grandes pièces du rez-de-chaussée, le salon, la salle à manger, ont conservé leurs boiseries blanches, et sous les derniers vestiges de leur décoration du xviiie siècle, elles gardent leur aspect du 2 décembre 1870 ; sur une porte même, on lit toujours l'inscription à la craie d'un fourrier bavarois du 10e régiment. L'imagination frémit à la pensée des souffrances qu'ont endurées là les malheureux blessés du 33e !

Au premier étage, l'impression n'est pas moins intense. Les appartements, tristement dénudés, remplis de plâtras, semblent avoir été saccagés par une horde de barbares, ou ravagés, la veille encore, par les obus allemands. Au fond d'un corridor, une énorme chouette, que notre visite dérange, s'envole tout à coup avec un bruit lugubre. Cette chouette est, pour l'instant, l'unique habitante du château : c'est la châtelaine de Villepion, la seule qui convienne en ces lieux où l'invasion allemande a fait régner la mort (2).

<hr>

(1) Commandant de Sonis. *Ibidem*, p. 292-293.
(2) Cette appréciation, nous nous hâtons de le faire remarquer, n'est dictée que par les souvenirs personnels que rappelait pour nous le château de Ville-

Le cœur serré, nous redescendons dans le parc. Comme le château, il n'est plus entretenu : des pièces en culture s'y mélangent au hasard avec le taillis. Dans le mur du côté de Loigny, des reprises de maçonnerie indiquent vaguement les emplacements des créneaux de la défense ; la porte charretière, près de laquelle le colonel de la Touanne fut blessé, est restée intacte.

De cette porte on découvre l'immense plaine où le 33ᵉ fit une si héroïque promenade, où laissé seul, entre Villerand et Villepion, il eut à subir les attaques de la 1ʳᵉ division d'infanterie bavaroise et de trois brigades de cavalerie. C'est là bas, dans cette plaine, que fut tué le duc de Luynes... que fut blessé notre compagnon de la veille, le sergent Dupuid..., que le fourrier Montreuil, interpellant un officier d'infanterie qui « se repliait », lui dit en lui montrant l'ennemi : « Mon capitaine, vous vous trompez, c'est par là qu'il faut aller ! » Tout près de nous, à quelques centaines de mètres en avant du parc, se dresse toujours le moulin à vent de Villepion, d'où les mitrailleuses françaises anéantirent si à propos une troupe de cavalerie bavaroise.

Le moulin à vent de Villepion rappelle à M. l'abbé Nouet un épisode particulièrement tragique. Avec le concours d'un de ses moblots, il en rapportait un pauvre blessé, lorsqu'un obus, éclatant subitement, acheva ce blessé dans les bras du brave aumônier et par ses ricochets le contusionna lui-même aux deux jambes.

Emporté par la vivacité de ses souvenirs, M. Erard file ensuite jusqu'au bout du parc pour revoir, du côté de Nonneville, la petite porte et le saut de loup qui tiennent dans ses récits une place si honorable.

A 11 h. 1/2 seulement, nous nous décidons à quitter Villepion et à gagner Loigny. Au milieu de ces souvenirs, la matinée avait passé comme un éclair.

De Villepion à Loigny, le paysage est affreux. A part un petit bois insignifiant, pas un arbre, pas un accident de terrain, la plaine toujours monotone. Il faut le bon accueil et la propreté très appréciée de l'hôtesse de l'*Espérance* pour nous rendre quelque gaieté.

Comme à Epieds, en outre, nous regrettons l'ancienne église, l'église de la bataille. Malgré son caractère spécial et très intéressant de monument commémoratif, de monument *national*, dirions-

pion. Son état d'abandon augmentait encore, dans la circonstance, l'attrait de notre visite ! Toutefois, pour éviter toute interprétation désobligeante, — bien loin de notre pensée, — nous nous empressons d'ajouter que le propriétaire actuel de Villepion a déjà commencé la réfection des toitures et qu'on ne saurait dès lors lui imputer une regrettable indifférence.

nous volontiers, la nouvelle n'offre pas le même attrait historique.

Le vieux cimetière, à jamais illustré par l'admirable résistance du 37e de marche et du 75e mobiles, a également disparu. Il n'en subsiste, près de la porte de la sacristie actuelle, que quelques reliques, bien émouvantes, il est vrai : de modestes croix, écornées par la mitraille et qui portent encore des inscriptions funèbres trouées par les balles ! La lutte avait été si acharnée que les morts eux-mêmes avaient été atteints dans leurs tombes !

Nous visitons cependant, avec un pieux empressement et sous l'aimable conduite du curé, M. l'abbé Belaue, la nouvelle église de Loigny. Sur les plaques d'une trop douloureuse éloquence qui recouvrent les murs de la chapelle commémorative, nous lisons bien des noms connus et toujours aimés, nous saluons d'héroïques régiments dont la France reste fière : 37e de marche, zouaves pontificaux, 33e et 75e mobiles ! Mais le caveau funéraire et l'ossuaire, surtout, causent une indescriptible impression. Là, gisent, dans un macabre pêle-mêle, auprès de la tombe du général de Sonis, les crânes de 1250 soldats français, et une ouverture vitrée permet de les contempler tout à l'aise ! Bon nombre sont défoncés par les balles ; quelques têtes semblent refléter encore le rictus de l'agonie.

Pour l'honneur de l'humanité, les grandes espérances de l'au-delà atténuent l'horreur de ces débris, et réconfortent les esprits par l'assurance qu'un jour nous reverrons ces vaillants soldats de Loigny dans tout l'éclat de leur jeunesse, de leur vigueur, glorifiés par la sublimité de leur sacrifice. Le peintre des zouaves, notre éminent compatriote et ami, Lionel Royer, est bien inspiré, certes, en se proposant d'évoquer bientôt au-dessus de cet ossuaire la douce image de la Vierge Immaculée, si compatissante aux douleurs de la terre, si miséricordieuse toujours aux martyrs de la Patrie.

Après l'église, le musée de la bataille, créé par le curé de 1870, Mgr Theuré, d'inoubliable mémoire, mérite toute l'attention des pélerins. M. l'abbé Belaue veut bien nous en faire aussi les honneurs. Au milieu d'armes de tout modèle et de toute nationalité, au milieu d'une riche collection de gravures, de dessins et de plans, nous remarquons le brassard et le missel de M. l'abbé Morancé, aumônier du 33e, le gilet d'uniforme du zouave Lionel Royer, le képi du capitaine Tual. Cela ne suffit pas, toutefois, à la gloire des Manceaux : En signant sur le registre des visiteurs, M. le chanoine Nouel y inscrit une pieuse pensée. . en hébreu !

Plus heureux que les anciens, nous avions pu, après trente-neuf années, entrer dans Loigny sans coup férir et même jusqu'ici nous y maintenir. Il nous restait, pour terminer notre pélerinage, à voir comment et par où le général de Sonis, le colonel de Charrette et les zouaves pontificaux avaient tenté d'y pénétrer dans leur charge à jamais fameuse. Sans doute, ce dernier épisode ne rentrait plus dans le but spécial de notre excursion sur les pas du 33e mobiles, mais nous ne pouvions oublier que les Manceaux comptaient plusieurs des leurs parmi les zouaves qui chargèrent le 2 décembre, MM. de Courdoux, Rimbault et Pascal Vérité, notamment, et que la charge des zouaves pontificaux domine tous les autres souvenirs de Loigny.

Par contre, il était désormais inutile de chercher à reconstituer les mouvements de troupes : après la publication récente de l'ouvrage si complet du commandant Sonis, il n'y a plus rien à préciser sur cette partie de la bataille.

Au passage, nous saluons l'une des rares maisons qui aient conservé des traces de projectiles et, sous la conduite toujours de l'obligeant curé, nous sortons du village par la route directe de Patay, sur laquelle se trouve le *Bois des zouaves*.

Les deux dernières maisons nous font dresser la tête, non sans quelque fierté. Les zouaves de Courdoux et Rimbault ont été du très petit nombre de ceux qui ont pu arriver jusque là, sous un feu d'enfer. Le premier s'y est rencontré coude à coude avec le colonel de Charrette, alors à pied, le revolver à la main, et qui devait être blessé quelques minutes plus tard. Le second y a fait deux prussiens prisonniers (1).

Le zouave Vérité, lui aussi, s'est avancé jusque dans ces parages, au delà du bois, mais un peu plus à droite, à proximité d'une batterie allemande momentanément abandonnée, et de là, il a vu très distinctement le malheureux régiment de marche, qui a soulevé tant de discussions, lâcher les zouaves et « faire demi-tour en bloc ! » (2).

Le terrain du drame est d'ailleurs très restreint. A peine avonsnous parcouru trois à quatre cents mètres, que nous sommes au bois des zouaves.

(1) A. de Courdoux, *Ma journée de Loigny*, dans le journal *L'Avant-garde*, des 1er et 15 décembre 1905 ; E. Raimbault. *A Loigny, récit d'un soldat*, dans le même journal, 1er juillet 1905. Le modeste et très sympathique E. Raimbault est mort au Mans, le 1er novembre 1908, chef de bureau à la Compagnie de l'Ouest. Sont également décédés MM. Lesage et A. Gasnier, qui avaient chargé à Loigny.

(2) *Souvenirs* de M. Pascal Vérité. Quelques instants auparavant il avait été l'un ces derniers à parler au brave commandant de Troussures, déjà atteint d'une balle à la jambe.

Hélas, le soir du 2 décembre, après l'échec de la charge, ce court espace était une fournaise. Beaucoup des intrépides qui s'étaient avancés jusqu'aux premières maisons, ne purent le franchir au retour : notre compatriote E. Rimbault, entre autres, y fut atteint d'une balle à la cheville.

Quant au bois, son étendue est loin d'être en rapport avec sa renommée : c'est un taillis minuscule qui ne peut porter le nom de bois que dans la plaine de Loigny. On se demande même comment il a pu fournir un abri sérieux à des troupes et être disputé avec autant d'acharnement. Il est aujourd'hui la propriété de la comtesse de Verthamon. A l'entrée, se dresse une colonne surmontée d'une statue du Sacré-Cœur, élevée à la mémoire du sergent de Verthamon, qui fut tué le premier, en portant la bannière du Sacré-Cœur, et de ses infortunés camarades.

En ce jour du 5 octobre 1909, nous ne recevons plus de balles à l'angle du bois des zouaves : nous y recevons une prosaïque ondée. Ce taillis, vraiment, n'abrite pas mieux contre l'eau que contre le feu !

Au reste, dans un tel endroit, on ne craint rien, et la douche ne nous empêche point de faire deux dernières stations : à la croix du général de Sonis et à celle de Villours. La première a été élevée en 1891 sur l'emplacement où tomba le général : l'une des faces du socle porte une inscription latine qui évoque la consolante pensée du secours surnaturel apporté par la Vierge au soldat chrétien. Le monument du Villours est consacré à la mémoire de Fernand de Ferron et de 33 autres zouaves.

Par un rapide signe de croix de soldat, nous y achevons notre pélerinage, et nous jetons sur le champ de bataille un dernier regard.

A trois kilomètres un peu en arrière sur notre gauche, Villepion. A environ mille mètres en avant, le bois des zouaves, puis Loigny : plus loin, au nord-est, le château de Goury; plus loin encore, Villeprévost, Tanon, la Maladrerie, où s'étaient concentrées les batteries bavaroises.

Une dernière fois, le grand drame du 2 décembre revit à notre esprit. Une dernière fois, il nous semble revoir là-bas, à gauche, les petits moblots de la Sarthe luttant seuls, dans l'immensité de la plaine : en face de nous, dans Loigny en flammes, les braves du 37e de marche et du 75e mobiles brûlant leurs dernières cartouches derrière les tombes du cimetière, et à cette ferme de Villours même, où nous sommes, l'héroïque petite troupe de Sonis et de Charrette descendant en double ligne déployée du plateau de

Villepion pour culbuter victorieusement l'ennemi jusqu'aux premières maisons de Loigny, et venir ensuite tomber dans le bois des zouaves, haletante, décimée, submergée par les masses allemandes (1).

Jamais, croyons-nous, ces plaines ne reverront pareil drame, car, avec la portée de l'artillerie actuelle et les armes à tir rapide, un ouragan de fer et de feu y anéantirait en quelques minutes les bataillons, les régiments, les armées.

Mais aussi, jamais la France n'oubliera les soldats de Loigny et leurs enseignements demeurent plus salutaires que jamais.

Parmi ces soldats, il faut avoir le courage de le dire, il y eut certains actes de défaillances honteuses : il y eut, plus nombreux, des actes admirables d'abnégation et d'héroïsme. Des uns comme des autres, se dégage ce fait évident, indéniable, c'est que l'élévation des sentiments, la valeur morale des cadres, le respect de la discipline et l'amour du drapeau, seuls, font les bons soldats.

Les leçons de la défaite sont parfois aussi profitables que celles de la victoire.

Puissent les souvenirs de Loigny, en rendant plus odieuses les doctrines anti-militaristes, ramener bientôt les patriotes de toutes les opinions à la seule devise digne d'une grande nation, à la devise qui devrait être inscrite dans les consciences et dans les lois, aussi bien que sur les drapeaux : « *Honneur et Patrie !* »

(1) Nous ne pouvions songer à donner, dans ces quelques pages, une bibliographie même sommaire de la bataille de Loigny, mais nous tenons à signaler au moins, à titre de document *manceau*, le palpitant récit qu'en a fait, l'année dernière encore, M. l'abbé Léon Morancé, aumônier du Prytanée militaire, frère de l'ancien aumônier du 33e, dans son *Discours prononcé à Loigny pour le 38e anniversaire de la bataille* (Chartres, Garnier, 1908).